# 작은 브랜드가 살아가는 법

한지인

# 추천사

새로운 브랜드를 만들고 브랜딩을 통해 세상과 소통하는 것은 설레지만 떨리는 일입니다.
이 책은 당장 먹히는 필승법보다 '자기다움'을 만들며 지속적으로 살아가는 법을 담백하고 객관적으로 알려주는 친절한 안내서입니다.
'어떻게 전달할지에 대한 고민'(브랜딩) 이전에 '어떤 가치를 전달할지'(브랜드)에 대한 고민을 선행하는 것은 당연한 일입니다. 하지만 그만큼 어렵고 망설여지는 일이기도 합니다. 그럼에도 이 책은 정도(正道)를 걸어갈 것을 제안합니다. 그리고 브랜드를 만드는 사람의 욕망에 따라 나눈 네 가지의 브랜드 유형과 사례를 통해 고민이 뻗어 나갈 방향성과 기준점을 제시합니다.
저자의 친절함이 담긴 이 책을 이정표 삼아 브랜드를 창조하는 과정의 설렘과 떨림을 즐기며 세상에 자신의 욕망을 자신만의 방법으로 마음껏 떨쳐볼 수 있기를 바랍니다.

- **한슬기,** 언더독스 전략기획본부장

'이것만이 브랜딩이다!'라는 확신에 찬 목소리가 넘쳐나는 시대입니다. 정해진 답을 따르지 않으면 실패할 것 같은 자극적인 가르침이 가득하죠. 그러나 이 책은 다릅니다. 브랜딩의 정답을 제시하기보다는, 브랜드 그 자체에 주목하기보다는 그 뒤에 있는 '사람'에게 주목합니다. 사람에서 비롯되는 브랜드의 고유함을 발견하는 것을 돕습니다. '나는 어떤 사람인가?', '내가 만드는 브랜드는 어떤 모습이어야 하는가?'에 대해 깊이 생각해 볼 수 있게 합니다. 이 책을 안내자 삼아 차근차근 읽어나가다 보면, 어느새 자신과 브랜드를 더욱 깊이 이해하게 될 것입니다. 자신만의 길을 찾고 진정으로 자신을 표현할 수 있는 브랜드를 만들 수 있을 것입니다.

- **조현인,** 헤이그라운드 브랜드 파트장

작은 브랜드 대표님들을 만나 보면 브랜딩이 필요하다는 걸 알면서도 어디서부터 시작해야 할지 모르겠다는 분들이 많습니다. 그도 그럴 것이 브랜딩은 알면 알수록 정해진 답이 없기 때문입니다. 이 책은 같은 고민을 하는 분들을 위해 작은 브랜드의 브랜딩에 대해 쉽게 설명하고 있습니다. 특히 네 가지 브랜드 유형으로 나눠 설명한 부분이 인상적입니다. 실제 사례들을 통해 제한된 자원으로 브랜딩을 하고 나름의 영향력을 만들어내는지 알 수 있습니다. 작은 브랜드를 운영하는 분들이라면 한 번쯤 읽어보길 권합니다.

- **김시내,** 스몰브랜더 대표

# 재미로 알아보는 4가지 브랜드 유형

이것은 브랜딩의 몇 가지 요소를 대입한 재미 버전입니다.
더 정확하고 깊이 있는 브랜드 진단은 전문가와 함께하시기 바랍니다.

여러분은 김에 관한 음식을 제공하는 '김마카세'를 창업하기로 했습니다.
어떻게 사업을 펼쳐나갈까요?

| | | a | b |
|---|---|---|---|
| 1. 가게를 어디에 얻을까요? | a. 상권이 좋고 봐야지! 성수동 | | |
| | b. 고정비용은 일단 낮아야지! 연신내 | | |
| 2. 가게를 오픈하기 위해 가장 먼저 할 일은 무엇인가요? | a. 트렌드를 알아야지! 많이 먹어 본다 | | |
| | b. 우리 가게의 콘셉트와 철학을 정한다 | | |
| 3. 가게 간판은 어떻게 디자인할까요? | a. 누가 봐도 김 요리 집! 멀리서도 잘 보이게 | | |
| | b. 음식점인지 카페인지, 올 사람은 온다 | | |
| 4. 가게에서 가장 중요한 것은 무엇일까요? | a. 신선하고 품질 좋은 김 소싱 | | |
| | b. 우리 가게에 와야 할 이유를 만드는 것 | | |
| 5. 마케팅과 홍보는 어떻게 할까요? | a. 바이럴 마케팅, 확산형 광고 등을 세팅 | | |
| | b. 진정성 있는 SNS 포스팅과 단골 전략 | | |
| 6. 고객 피드백을 받았을 때 반응은? | a. 어떻게 개선할 수 있을까? | | |
| | b. 우리 브랜드의 가치가 잘 전달되고 있을까? | | |
| 7. 우리 브랜드의 끝 그림은? | a. 한국 F&B 브랜드 최초 뉴욕 증시에 상장 | | |
| | b. 식재료의 재발견으로 기후 위기 타파 | | |
| | 합계 | | |

## 재미로 알아보는 4가지 브랜드 유형 결과

**1. 각 답변에 점수를 부여합니다.**

a) 답변은 1점, b) 답변은 2점을 줍니다.

**2. 7번 항목만 1.5점으로 계산합니다.**

**3. 7개 문항의 총점을 계산합니다.** (최소 7.5점, 최대 14.5점)

각 유형에 대한 자세한 내용은 **'3부 욕망이 만드는 4가지 브랜드 유형'**을 참고하세요.

7~8.5 점

수완좋은 브랜드

**이익추구형**

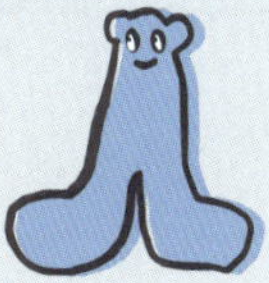

166페이지로 가시오 →

9~10.5 점

똑똑한 브랜드

**능력추구형**

122페이지로 가시오 →

11~12.5 점

집중하는 브랜드

**몰입추구형**

234페이지로 가시오 →

13~14.5 점

친근한 브랜드

**인정추구형**

200페이지로 가시오 →

# 목 차

2부

## 브랜드가 살아가는 법

좋은 브랜드가 잘하는 세상

3부

# 욕망이 만드는 4가지 브랜드 유형

들어가면서

# "나도 브랜딩 해야 하는데"

누군가를 처음 만나는 자리에서 어떤 일을 하냐는 질문을 들을 때면 "브랜딩을 하고 있습니다."라는 말로 저를 소개합니다. 그러면 대개 "브랜딩이 무슨 일을 하는 건가요?"라는 질문으로 대화가 이어지게 마련이었습니다. 그런데 요즘은 그런 경우가 거의 없습니다. "아, 저도 브랜딩해야 하는데!"라거나 "브랜딩 잘하려면 어떻게 해야 해요?"라는 답이 돌아옵니다. 드디어 브랜딩이 무엇인지 설명할 필요가 없는 때를 맞이하게 되었죠. 많은 사람이 '브랜딩'이 무엇인지 알게 되니 대화가 편해졌습니다.

하지만 동시에 마음 한 켠에는 늘 해결되지 않은 무언가가 찜찜하게 자리하고 있습니다. 사업을 운영하는 대표님들에게 브랜딩이라는 것이 '시간과 에너지와 돈을 써야 하는 일, 지금보다 더 신경 써야 하는 무언가'로 한껏 부풀려진 것만 같기 때문이에요. 남들 해야 한다고 하니까, 이미 모두 하고 있다고 하니까, 나도 하지 않으면 안 될 것 같다는 생각이 들지만 막상 어떻게 해야 하는 건지 막막한 대표님들을 책임져야 할 것 같은 조심스러움도 생겨버렸습니다.

이렇게 괜한 오지랖을 부리게 되는 건 좋아하는 대표님들을 너무 많이 만나버렸기 때문입니다. 진심으로 일에 최선을 다하는 모든 분이 잘되면 좋겠는데, 이놈의 브랜딩이라는 것이 도와주지는 못할 망정 다리를 잡고 물고 늘어지면 안 되겠죠. '이게 아닌가? 제대로 하는 게 맞나?'라는 의심이 들게 만드는 화려한 브랜딩 콘텐츠가 점점 많아지는 것이 내심 걱정되었습니다. 브랜드를 진심으로 고민하는 많은 분에게 자기 확신을 심어 드리고 싶었습니다. 그래서 이 책을 쓰기로 결심했습니다.

브랜딩은 거창하게 역사를 거슬러 올라갈 필요도 없고, 수수께끼 같은 철학을 마주해야 하는 학문도 아니며 확고하게 정해진 이론이 있는 분야가 아닙니다. 어디까지나 하루하루 살아가는 일에 발을 딛고 있는 실용 분야입니다. 시대와 주체에 따라 다양하게 적용해 볼 수 있는 여지가 많아서 개념과 방법론도 제각각이라는 점이 특징이기도 하고요. 그러니 오히려 혼란스러울 것도, 고민할 것도 없답니다. 다양하고 제각각이라는 바로 이 현상 자체에 정답이 있으니까요. 브랜드의 숫자만큼이나 브랜딩의 숫자가 있다는 뜻입니다. '브랜딩은 이런 것'이라는 자기만의 정의를 내릴 수 있는 묘미가 있습니다. 브랜딩이라는 일이 무엇을 하며, 어떻게 하는 것이며, 왜 해야 하는지에 대한 정의는 고민하는 사람의 수만큼 다양한 것이 당연합니다.

브랜딩에 정해진 방법론은 없습니다. 모두 똑같이 달성해야 하는 목표도 없습니다. 그러니 "이렇게 하면 성공적인 브랜딩을 할 수 있습니다. 따라오시죠."라는 말을 절대 할 수 없습니다. 모두에게 적용할 수 있는 정통 방법론이란 존재하지 않는다는 것이 제가 이 일을 하면서 깨달은 진리고 즐거움입니다.

브랜딩 프로젝트는 브랜드를 운영하는 사람들의 현재 상황과 욕망을 파악하는 것으로 시작합니다. 그 다음 이들이 가진 원석을 찬찬히 들여다봅니다. 이 3가지를 번갈아 관찰하며 보석으로 키울 수 있는 방법을 고민해야 합니다. 무엇을 어떻게 해야 가장 좋은 방법이 되는지 찾아내고, 그 방법으로 브랜드와 세상을 연결합니다. 연결을 통해 이익을 창출하는 것은 이 모든 과정을 겪어 낸 후에 가능합니다.

저는 브랜드의 욕망과 상황, 원석을 관찰하는 시간을 좋아합니다. 가장 흥미롭고 그만큼 어려운 일이죠. 동시에 제가 기꺼이 돈을 받고 일할 수 있는 이유이기도 합니다. 브랜드마다 브랜딩 방식이 다를 수밖에 없기 때문에 매번 고민하고 연구해야 하는 쉽지 않은 과제가 주어집니다. 이 어려운 과제에 대한 실마리가 보이기 시작하면 그제서야 이 브랜드만의 유일한 이야기를 펼칠 수 있다는 두근거림을 확실하게 선물받을 수 있습니다.

브랜딩은 브랜드의 가치와 철학 속으로 끝도 없이 파고들어 진정성을 발굴하다가도 한순간 제품과 서비스로 빠져나와서 숨을 돌리며 현실적으로 계산기를 두드리면서 균형을 잡아야 합니다. 커뮤니케이션을 통해 바깥 세상과의 다양한 관계를 즐기는 동시에 그 안에서 내 브랜드와 찰떡같이

척 들어맞는 동지 브랜드를 찾아야 한다는 미션을 달성해야 하기도 합니다. 그리고 이렇게 바쁜 여정을 소화해 내고 나면 내 브랜드가 나아가야 할 길의 시야가 조금씩 더 선명해지고, 종종 뒤를 돌아볼 수 있는 달콤한 휴식 시간을 보내기도 합니다. 저는 브랜드를 성장시키는 자신만의 방식을 브랜딩이라고 부릅니다. 이것이 브랜딩에 대한 저의 정의입니다. 하나의 브랜드에 하나의 브랜딩이 존재합니다. 그 단 하나의 방식을 함께 찾아가는 것이 제 일의 성취감입니다.

브랜딩의 종류와 정의가 무한하듯 브랜딩을 시작하는 계기도 다양합니다. "브랜딩을 왜 하고 싶나요?"라고 물었을 때 돌아오는 대답이 무척 다채로워 듣는 것만으로도 흥미롭습니다. 남과 다르고 싶어서, 더 잘 팔고 싶어서, 나만의 고객을 찾기 위해서, 요즘 트렌드라서 등등 각자의 답에 따라 브랜딩의 필요성을 논하는 관점도 달라집니다. 저는 이렇게나 다양한 이야기를 들으면서 생각 회로를 돌리기 시작합니다. '이 사업에 필요한 것이 어떤 브랜딩일까? 마케팅 중심일까,

디자인 중심일까 아니면 콘텐츠 기획을 먼저 해야 할까? 어쩌면 당장 영업을 더 적극적으로 해야 하는 것일지도 모르지.' 이것이 제가 브랜딩을 시작할 때 벌어지는 상황입니다. 그리고 이 질문들에 대답하기 위해 많은 시간 인터뷰를 진행하고, 워크샵을 벌이고, 정보를 수집합니다. 클라이언트와 라포를 형성하는 것만 해도 꽤나 정성이 듭니다. 브랜드의 진짜 가치는 생각보다 의외의 구석에서 발견되기도 하기 때문에 모든 감각을 열어 놓고 바지런히 움직일 수밖에 없습니다.

정해진 규칙도, 답도, 교과서도 없는 일이지만 그럼에도 불구하고 '하는 것이 좋다'고 생각하는 이유는 브랜딩이 브랜드를 다루는 사람들의 성장에 관여하기 때문입니다. 브랜딩은 브랜드를 만들고 키우는 사람들의 삶이 어둠을 직시하고, 밝음에 스며들며 기꺼이 성장하는 것을 돕습니다. 문제의 핵심을 고민하고 상상을 펼쳐 아이디어를 만들어 낸 다음 아이디어가 눈에 보이고 손에 잡히도록 결을 만들어가는 것,

세상에 내놓은 상품과 서비스를 꾸준히 살피고 고치면서 키워나가는 과정을 경험하는 시간에는 치유와 혁신이 섞여 있습니다. 그러니 이 과정을 진심으로 겪은 사람들의 삶이 성장하는 것은 너무도 당연한 일입니다. 이것이 브랜딩의 근본입니다.

이 책을 통해 '진짜 브랜딩'에 대한 이야기를 하고 싶습니다. 브랜드와 사람이 함께 성장하는 브랜딩의 첫 단추부터 차근차근 이야기를 나누면 좋겠습니다. 수많은 브랜드와 사람에게 선물받은 인사이트를 이제 새로운 일을 시작하려는 누군가에게 돌려주고자 합니다. 모두가 나만의 브랜딩 노하우를 가지고, 모든 브랜드가 자신만의 생태계를 꾸려가기를 바랍니다.

- 한지인

1부

# 그래서 브랜딩이 대체 뭐야?

브랜드가 세상과 연결되는 길, 브랜딩

1. 브랜딩이 막연하게 느껴지는 이유

2. 무엇이 이 일을 브랜드이게 할까

3. 돈이냐 가치냐

4. 브랜딩 VS 마케팅

브랜딩은 브랜드와 세상을
연결하는 작업입니다.
좀 더 엄밀히 말하자면, 브랜드를
만드는 사람이 좋아하는 것과
세상이 필요로 하는 것을 연결하는
방법을 찾아 실행하는 것입니다.

## 1

# 브랜딩이 막연하게 느껴지는 이유

요즘 어디를 가도, 누구를 만나도 "아, 나도 브랜딩 해야 하는데."라는 이야기를 듣고 있습니다. 새로 사업을 하려는 지인은 물론이고 이미 오랫동안 사업을 운영해온 대표님도 요즘은 모두 브랜딩 이야기를 합니다. 미용실에서 만난 헤어 디자이너 선생님과 사는 애기를 하다가도 "아, 저는 브랜딩을 해요."라고 말을 꺼내면 바로 "그러시구나. 저도 브랜딩을 해야 하는데!"로 넘어가면서 바로 컨설팅이 시작될 정도죠. 이때 가장 많이 듣는 질문은 "이런 일 좀 시작하려는데 브랜딩 어떻게 하면 돼요?"입니다. '전문가니까 답을 알려 줘.'라는 표정으로요.

브랜딩은 브랜드를 키우는 일입니다. 눈앞에서 정답을 낼 수 있는 일이 아니라는 뜻이죠. 브랜딩을 어떻게 하는지 알아보는 것은 꽤 복잡하고 정말 많은 시간과 노력이 드는 일이에요. 성과가 나올 때까지 많은 정보를 쌓아야 하는 일이기도 하죠. 이렇게 하면 되겠네 싶다가도 금세 번복할 수 있고, 문득 근본부터 잘못되었다는 생각이 들어서 다 뒤집어엎는 결정을 하기도 해요. 그동안 꽤 많은 브랜딩 프로젝트에 참여하며 혼자서는 처음부터 끝까지 아주 명확한 선택만을 하는 게 힘들다는 것을 알게 되었죠.

물론 "브랜딩은 어떻게 하는 거지?"라는 물음에 시원하게 대답할 수 있는 사람이 없는 것은 아닙니다. 사신반의 노하우가 있는 사람들은 브랜딩 과정에서 겪게 되는 실수를 최소화할 수 있어요. 그리고 이 노하우를 갖기 위해서는 브랜드를 통해 내가 궁극적으로 성취하고 싶은 게 무엇인지 그리고 이 브랜드와 함께했을 때 기대되는 미래는 어떤 모습인지, 나는 언제 가장 즐겁고 몰입이 되는지와 같은 '나'와 관련된 것을 파악하고 있어야 해요. 뿐만 아니라 최근 경제나 트렌드, 뉴스 등 사람들의 사는 이야기도 놓쳐서는 안 되고요. 게다가 나에게 돈은 어떤 의미이며 돈에 대한 나의 태도는 어떤지와 같은 근본적인 것까지도 고민해야 하죠. 브랜딩은 브랜드와 세상을 연결하는 작업이기 때문입니다. 좀 더 엄밀히 말하자면, 브랜드를 만드는 사람이 좋아하는 것과 세상이 필요로 하는 것을 연결하는 방법을 찾아 실행하는 것이에요. 그렇기 때문에 다양한 관점에서 다양한 요소를 면밀히 살펴봐야 하죠.

전문가에게 맡기면 금세 흥할 것 같은 기대감이 들지만, 브랜드를 가장 잘 만들고 키우는 방법을 아는 사람은 이 일의 운명을 손에 쥐고 있는 본인이에요. 브랜딩 전문가는 브랜드를 둘러싼 것들을 명확하게 확인할 수 있도록 과정을 안내해 주는 가이드 역할을 하는 거예요. 즉, 전문가를 가장 잘 활용하는 방법은 브랜드의 모든 것을 '솔직하게' 털어놓는 것이에요. 허심탄회하게 모든 것을 펼쳐 놓고 어떤 재료를 골라서 다음 과정으로 가져가야 할지 연구하는 일을 브랜드

전문가와 함께 해나가면 되는 거예요. 좋은 가이드를 만나면 더 좋은 풍경을 만끽할 수 있고, 가장 멋진 배경으로 사진을 찍을 수 있죠. 같은 산행을 하더라도 기억에 남는 경험을 하고 싶은 사람들을 위해 가이드는 자신이 가진 모든 노하우를 제공할 거예요. 브랜딩 전문가들은 브랜드가 가지고 있는 아름다움의 가치를 찾아내 가장 멋진 의미를 부여하는 일을 합니다.

그럼에도 여전히 브랜딩의 정체가 명확하게 다가오지 않고 왜인지 막연하게 느껴질 수 있어요. 그렇다면 일단 우리가 브랜딩을 막연하게 생각하는 이유를 하나씩 들춰 보도록 하죠. 많은 사람이 '브랜딩'을 떠올렸을 때 드는 4가지 의문점을 하나씩 짚어 보면서 막연하게 느껴지던 브랜딩과의 거리를 좁혀 보기로 해요.

## 브랜딩은 새롭고 대단해야 한다?

긴 역사를 놓고 보면 브랜딩이라는 개념이 등장한 지는 그리 오래되지 않았습니다. 역사 속 유명한 사업가로는 경주 최부자댁, 인삼을 불태운 무역 상인 임상옥, 개성 상인 또는 송도 상인이라 불리던 송상들이 있었어요. 당대 유명한 거상들에게는 거래와 유통, 영업이 차지하는 영역이 더 컸죠. 자신의 상품과 서비스에 멋진 이름을 붙여 더 많은 사람에게 알리는 것을 중요하게 생각하지 않았어요.

물론 그럴 필요가 없었던 시대이기도 해요. 경쟁이 지금처럼 치열하지 않았으니까요. 당시에는 흔히 볼 수 없는 물건을 구하면 쉽게 소문이 나서 사람들이 몰려들었죠. 남들이 하지 않는 일을 하면 바로 경쟁력을 획득할 수 있었어요. 직업과 신분을 천직으로 받아들이는 관념 때문에 경쟁자가 생기는 속도도 매우 더뎌서 독점 판매가 어렵지 않았고, 판매자끼리 쉽게 결탁할 수도 있었으니 굳이 판매 외의 일에 투자를 할 필요가 없었던 거예요. 필요한 물건을 잘 만들거나 센스 있게 구해 오는 것만으로도 소문이 났고, 이는 그대로 높은 명성과 이어졌을 테니까요. 즉, 브랜딩이 굳이 필요하지 않을 정도로 판매가 편하고 자연스럽게 이루어질 수 있는 시대가 꽤 오랫동안 지속되어 왔던 것이죠.

그럼 브랜드의 본질은 언제부터 발견할 수 있을까요? 소위 '이름값'이라는 말이 생기기 시작하면서 브랜딩의 개념이 생겨나지 않았을까요? 수완 좋은 사업가들은 시간이 지나면서 고객을 자연스럽게 늘려 가고 사업을 확장하면서 이름값을 한다는 말을 듣기 시작했을 거예요. 이 시기가 바로 '브랜드가 만들어지는 순간'입니다. 그리고 그때까지 이 사업이 걸어온 길이 바로 '브랜딩'이 될 겁니다.

점차 사업가의 수가 많아지고 경쟁이 필요한 시장이 조성되면서 브랜딩이라는 새로운 단어가 등장했을 뿐 오래 전 '이름값 하는 사업'을 하던 것과 달라진 것은 없습니다. 다만, '이름'이 사업가의 이름일수도 있고, 제품의 명칭일 수도 있고, 어떤 동네의 유명한 장소일 수도 있어요. 오랜 시간 잘 쌓아온 '이름값'이라는 타이틀에는 믿음과 책임감, 일관성에 대한 안심과 같은 감정이 잘 배어들어 있죠.

쉽게 말하면 오늘날 잘된 브랜드라는 건 '이름값하는 사업'이라고 볼 수 있어요. 그 자세와 철학을 역사 속 선배들에게 배울 수도 있고요. 새롭고 대단한 것을 만들어 내기 이전에 믿음이 가고 안심할 수 있는, 즉 이름값을 하는 태도 말이죠. 물론 이름값을 얻기 위해서는 성실하게 사업을 구축하는 시간들이 있을 테고요.

## 브랜딩은 어렵고 복잡하다?

'브랜딩'이라는 단어를 들었을 때 드는 느낌을 여러 사람에게 물었더니 다음과 같은 키워드들이 등장했습니다.

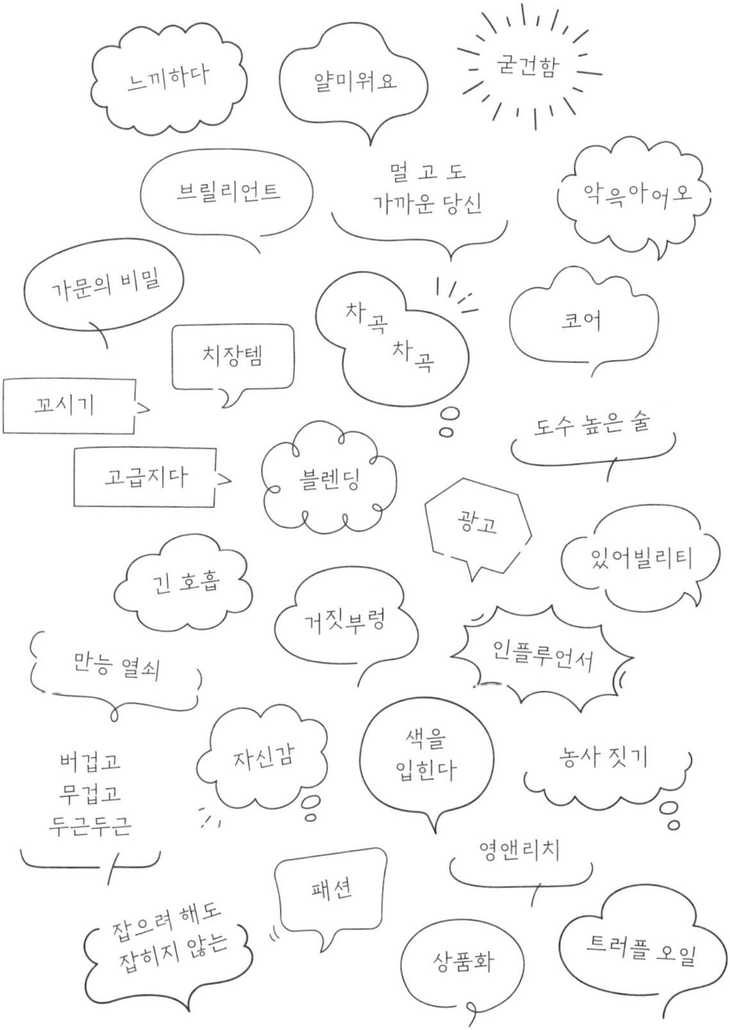
느끼하다
얄미워요
굳건함
브릴리언트
멀고도
가까운 당신
악윽아어오
가문의 비밀
차곡
차곡
코어
치장템
꼬시기
도수 높은 술
고급지다
블렌딩
광고
있어빌리티
긴 호흡
거짓부렁
인플루언서
만능 열쇠
버겁고
무겁고
두근두근
자신감
색을
입힌다
농사 짓기
영앤리치
패션
잡으려 해도
잡히지 않는
상품화
트러플 오일

'얄밉다, 느끼하다, 버겁다, 무겁다'와 같은 부정적인 키워드와 '차곡차곡, 굳건함, 자신감'과 같은 긍정적인 키워드가 섞여 있지만, 공통적으로 느껴지는 뉘앙스가 있죠. 바로 '접근하기 어렵다'는 것이에요. 다양한 인상을 가지고 있지만 전반적으로 결코 쉽거나 편안한 느낌은 아니에요. 아주 다양한 방식으로 이 일이 어려워 보인다는 느낌을 전해 주고 있습니다.

오랫동안 차근차근 매 순간 정성을 들여서 해야 한다는 버거움, 접근하는 것 자체가 어려워서 하나씩 단계를 격파하려면 엄청나게 머리를 굴려야 할 것 같은 무거움 또는 태생적으로 평범함과는 거리가 멀어 그 실체를 알 수 없을 것 같은 거리감 등 여러 관점에서 어려움이 느껴집니다.

이 어려움을 표현하는 여러 단어 속에서 사람들이 잘 브랜딩된 브랜드를 누구나 함부로 시작하기 어려운 고된 작업이라고 생각한다는 것을 짐작할 수 있습니다. 혹은 나와는 다른 세상에 살고 있는 여유로운 자산가의 비싼 취미 생활을 보는 것도 같고요. 때로는 브랜딩을 사기꾼의 일로 생각하는 사람도 있습니다. 이런 이미지들은 브랜딩이 주변에서 흔히 찾아볼 수 있는 것은 아니라고 말하고 있어요. 극단적으로는 과하게 이익을 많이 남기려는 사람들이 행하는 것처럼 전달되어 조용히 한 자리를 묵묵하게 지키고 싶은 가게라든가 세상을 위해 가치 있는 활동을 하고 이익을 나누고 싶어하는 활동에 브랜딩이라는 단어를 붙이는 것이 껄끄러울 때도 있어요.

하지만 돈을 많이 버는 사업, 인기가 아주 많은 사업에만 브랜드라는 이름표를 붙일 수 있는 것은 아니잖아요? 내가 하는 일을 명확하게 설명할 수 있고, 그 일을 통해 스스로 살아갈 가치를 창출할 수 있다면 충분히 브랜드라 부를 수 있고, 브랜딩을 하고 있다고 말하고 있어요. 어렵고 복잡하다는 것도, 공격적이고 활동성이 높아야 한다는 것도 모두 편견일 수 있어요. 브랜딩은 우리가 가진 능력을 더 넓고 깊게 펼칠 수 있도록 도와주는 작업이에요. 그러기 위해서는 브랜딩에 대한 편견은 내려 놓고, 브랜드가 가진 강점들을 긍정하는 시간을 먼저 가져야 합니다.

## 브랜딩은 시간이 많이 든다?

네, 알고 있습니다. 사업가의 하루가 얼마나 바쁜지 말이죠. 아침에 일을 시작하고 저녁에 일을 마치면 남은 시간을 휴식에 써야 하는데, 그 시간조차 브랜딩을 공부하는 데 쓰겠다는 사람들을 응원해야 할지 말려야 할지 꽤나 오랫동안 고민했던 입장이니까요. 매일매일 주어진 일을 쳐내다 보면 브랜딩까지 해낼 시간을 만들기는 쉽지 않습니다. 생소한데다 어려워 보이기까지 하는 이 브랜딩이 대체 뭐길래 정복해야 할 대상처럼 시간과 에너지를 들여야 하는 걸까요?

브랜딩이 시작할 때부터 지식과 감각을 모두 끌어와야 하는 일인 것은 맞습니다. 세상이 어떻게 돌아가는지 알아야 하고, 내 아이디어와 사업이 세상에서 어떤 역할을 하고 있는지 그리고 함께 일하는 사람들의 성향과 재능까지 파악해야 하죠. 이 모든 것의 균형을 찾아 일이 잘되게 만드는 것까지가 브랜딩이니까요. 하지만 사실 따지고 보면 이런 고민은 사업에 대한 고민 그 자체이기도 합니다. '브랜드'가 이름값을 하는 사업이라면 '브랜딩'은 이름값을 유지하는 일이에요. 때문에 사업을 하느라 브랜딩을 할 시간이 없다거나 운영에 방해가 된다는 것은 애초에 성립되지 않아요.

브랜딩은 오히려 고민의 시간을 단축시키고 사업에 집중하는 시간을 확보하는 역할을 합니다. 하고 싶은 일 중에서 무엇을 먼저 해야 하는지 우선순위를 가리고, 하지 않아야 하는 일은 확실하게 내려놓을 수 있도록 만들죠.

똑같은 사과를 판매하는 브랜드더라도 더 많은 사과를 더 싸게 생산해서 더 빨리 판매하는 것에 관심 있는 브랜드는 사과를 둘러싼 유통 과정에 신경 쓰는 시간이 점점 더 많아지게 되겠죠. 거래하는 플랫폼의 특징을 파악하고, 정해진 기일에 확실히 납품을 해내는 것이 브랜드의 성장에 기여할 거예요. 반면 사과를 직접 키워서 정해진 수량만을 판매할 수 있는 브랜드는 규모를 넓히는 것보다는 판매 가능한 상품에 집중하는 것이 자연스러운 방향성이 될 겁니다. 사과를 더 맛있게 키워서 꾸준히 판매할 수 있도록 맛있는 사과를 좋아하는 사람들을 찾아내고, 맛을 전할 수 있는 방법을 다양하게 발굴해 내는 것이 중요하죠.

두 브랜드 모두 사과를 중심으로 다양한 접점을 만드는 브랜딩을 하고 있어요. 하지만 브랜딩의 내용과 목적이 다르죠. 브랜드가 해야 할 일을 명확하게 정의하고, 그것을 잘 해내기 위한 방법을 똑부러지게 정했기 때문에 가능한 거예요. 브랜드가 자신만의 목표로 나아갈 수 있도록 군더더기 없이 시원한 길을 만들어주는 것이 브랜딩의 시작입니다. 샛길로 빠져 헤매는 시간을 줄이고 사업의 본질에 집중해 브랜드로 커나갈 수 있도록 해주는 '꼭 필요한 시간'을 만들어 주죠.

## 내가 '잘'할 수 있는 브랜딩이 있을까?

잘나가는 브랜드가 많다는 건 잘한 브랜딩 사례가 그만큼 많다는 얘기예요. 이제 예전보다 훨씬 더 많은 사람이 브랜딩에 관심을 가지게 되면서 브랜드의 활동도 왕성해지고 브랜딩이라는 일을 직업으로 선택하는 사람들도 많아졌어요. 그럼에도 불구하고 여전히 브랜딩을 막막하게 느끼는 이유는 대체 뭘까요?

누구나 자신만의 삶이 있듯 브랜드도 저마다 살아가는 방식이 존재합니다. 그렇기 때문에 “브랜딩은 이렇게 하는 것이다!”라는 방법론적 접근 방식이 맞지 않는 때가 있어요. 브랜드마다 잘하는 것, 잘하고 싶은 것, 어려운 것, 편안한 것, 좋아하는 것, 싫어하는 것이 모두 다르니까요. 브랜딩을 잘하는 법을 알려준다는 것은 마치 모든 사람에게 서울에서 잘 사는 법을 똑같이 가르치는 것과 같아요. 하는 일, 나이, 신체 조건, 취미와 성격이 모두 다른 사람에게 일률적으로 서울에서 잘사는 방법을 말할 수는 없을 거예요. 각자 원하는 장소도 하고 싶은 일도 모두 다를 테니까요.

브랜딩도 마찬가지죠. 브랜드가 다루는 업종, 일하는 직원들의 성향, 운영 시간, 공간과 같은 것들을 잘 살펴보아야만 브랜딩을 잘할 수 있는 방식을 찾아낼 수 있어요. 따라서 브랜딩을 무작정 시작하기 전에 나에게 적합한 브랜딩을 선택할 수 있어야 해요.

똑같은 주제를 가지고 브랜드를 만들더라도 외향적인 사람과 내향적인 사람이 만드는 브랜드의 성향은 다를 수밖에 없어요. 내가 잘할 수 있는 브랜딩은 내가 자연스럽고 편안하게 몰두할 수 있는 것입니다. 가령 내향적인 성향을 가진 브랜드에게 매일 인스타그램 포스팅을 올리도록 권유하는 것은 끔찍한 일이에요. 모든 업무를 다 멈추고 몇 시간 동안 포스팅 작성에만 신경을 쓰다가 스트레스를 받기도 하죠. 사업이 잘 풀리지 않을 때면 내가 디지털 커뮤니케이션을 잘 못해서 그런 걸까 자괴감에 빠질 수도 있을 거예요.

강원도 횡성군 시골 마을에서 직접 빵을 굽고 커피를 내는 '이가본때'는 조용하고 차분한 부부가 운영하는 작은 빵 카페입니다. 일주일에 3일만 문을 여는데 외지에서 사람들이 꽤 많이 찾아와요.

시골 빵집 '이가본때'(출처: 네이버 플레이스)

놀라운 것은 이 카페는 인스타그램 계정을 운영하지 않는다는 거예요. 블로그도 없고 외부 행사를 나가지도 않아요. 네이버 플레이스에 종종 휴무 공지만 올라올 뿐이죠.

자신이 잘할 수 없는 SNS는 내려놓고, 잘할 수 있는 '분위기 있는 공간 조성', '우리밀 화덕 빵 굽기', '성실하게 가게 열기'를 10년 가까이 해왔어요. 내향적인 브랜드가 천천히 풀어낸 뚝심이 시간이라는 필수 조건을 갖추면서 입소문을 타게 되었고 이제는 해시태그나 블로그 검색을 하면 이 곳을 다녀간 손님들이 올려놓은 수많은 게시물을 볼 수 있게 된거죠.

브랜딩은 내 브랜드를 다루는 방법에 대한 노하우를 쌓게 해줍니다. 무조건 다같이 폭발적인 홍보를 해야 하는 게 아니라 내가 가장 잘할 수 있는 나의 방식을 만들어가는 거예요.

이렇게 브랜딩이 막연한 이유를 하나씩 들여다 보면 쉽게 막막함을 덜 수 있게 돼요.

브랜딩에는 정답이 없습니다. 나의 정답을 만들어가는 것이 브랜딩의 핵심이죠. 그러니 이제 브랜딩이라는 단어를 마주했을 때 내 브랜드와 브랜드를 꾸려나가는 우리를 먼저 살펴보면 좋겠어요. 그것이 브랜딩의 시작점이니까요. 스스로에 대한 막연함을 선명하게 만들다 보면 브랜딩에 대한 막막함도 분명 사라질 거예요.

2

# 무엇이 이 일을 브랜드이게 할까

브랜딩을 잘해야 한다는 마음에 정신없이 달리다가 무심코 지나쳐버리고 마는 정류장이 있습니다. 바로 '브랜드'라는 정류장입니다. 마침 앞서 브랜딩이란 무엇인지, 왜 막연한지 생각해 봤으니 지금 기회가 왔을 때 여유롭게 멈춰서 생각을 해보기로 해요.

우리는 수많은 브랜드에 둘러싸여 있습니다. 지금도 끊임없이 다양한 브랜드가 생겨나고 있죠. 그렇다면 브랜드라 불리는 모든 사업은 브랜딩을 하고 있는 걸까요? 브랜딩을 한다고 말할 수 있는 브랜드의 공통점은 무엇일까요?

브랜드란 기본적으로 기업의 형태를 갖추어야 한다는 생각이 꽤 오랫동안 자리잡았었죠. 강력한 이름이 있고 그것을 드러내는 로고가 있다는 것은 규모와 생산력에 대한 자신감이 있을 때만 가능하다고 여겨져 왔기 때문이에요. 단출한 가게나 작은 조직은 브랜드라는 카테고리에서 제외되었죠. 하지만 지금은 그렇지 않아요. 브랜드에 대한 생각이 많이 변화하고 넓어졌어요. 이제는 더이상 규모나 생산력을 브랜드의 필수 조건이라고 생각하지 않게 되었습니다. 일하는 동기를 충분히 설명할 수 있고 그 이유를 드러내는 제품과 서비스가 존재한다면 누구나 자신의 일을 브랜드라고 부르고 있어요. 혼자 일하는 프리랜서도, 비영리를 목적으로 일하는 단체도 브랜드가 되어 활동하고 있죠. 이들은 모두 세상에 전하고 싶은 자신만의 이야기가 있습니다. 좋아서 하는 일이든 필요해서 하는 일이든 동기는 제각각이어도 저마다 자신의 메시지를 다양한 도구로 표현하면서 공감을 얻고자 노력하고 있어요. 이제 브랜드는 '전하려는 메시지가 있는 일'을 일컫게 되었습니다. 사람들에게 메시지를 전하고, 메시지를 받은 사람들은 공감의 신호로 기꺼이 비용을 지불하죠. 그렇게 브랜드는 탄생합니다. 그렇다면 전하려는 메시지가 있는 일이란 어떤 모습일까요?

## 세상에 말을 거는 브랜드 메시지

을지로에는 제가 대학생 때부터 종종 들르는 단골 가게들이 있습니다. 그중에는 지금까지 없어지지 않고 자리를 지키는 철제 부품 가게도 있죠. 전시에 필요한 부속부터 굿즈를 만들 때 필요한 부속까지 주로 전문가들이 찾는 가게인 만큼 부품 종류가 아주 다양합니다.

수년 전 어느 날 가게 사장님의 자녀가 아버지와 비슷한 일을 하고 있다는 이야기를 전해 듣게 되었습니다. 제품을 커스터마이징할 수도 있으니 한번 방문해 보라며 홈페이지를 알려 주셨죠. 그런데 알고 보니 이 곳은 제가 평소 멋진 브랜딩을 하고 있다고 생각했던 '레어로우'라는 곳이었어요.

레어로우는 철제로 가구와 소품을 만드는 곳으로, 저의 을지로 단골 가게와 같은 공장에서 같은 제작법으로 제작한 제품을 취급합니다.

레어로우(출처: rareraw.com)

다른 점이 있다면 레어로우는 자신들이 전하고 싶은 메시지를 표현하고 있다는 거예요. "특별함, 호기심, 디테일, 지속 가능성"과 같은 단어를 사용하고 있죠. 반면 아버지가 운영하는 가게의 홈페이지에서는 "품질 개선, 생산성 향상, 경쟁력 강화"와 같은 단어를 사용하고 있었습니다. 레어로우는 사람들과 함께 이야기를 나누고 싶은 화두를 던지고 있어요. 세상에 말을 걸면서 누군가와 연결될 수 있는 가능성을 가지고 있죠. 반면 아버지 가게에서 다루는 키워드는 제품의 우수함을 드러내고 싶어 해요. 쌍방향 대화라기보다는 한 방향으로 전달하기에 적합한 설명이고 정보죠.

메시지를 전한다는 것은 마음을 전하는 것과 같아요. 구호가 아니라 대화입니다. 한 방향으로 외치는 우렁찬 소리보다는 공감하기 위해 자연스럽게 다가가는 태도라고 할 수 있죠. 품질 개선과 경쟁력 강화라는 키워드에는 고개를 끄덕이고 박수를 칠 수는 있어도 함께 고민하고 대화를 해나가기는 어렵습니다. 반면 호기심이나 지속 가능성에 대해서는 할 말이 생기고 그들이 꾸려 가는 구체적인 활동이 궁금해집니다.

이야기가 더 듣고 싶어지는 거예요.

예전에는 사람들이 필요로 하는 제품을 만들어 합리적인 가격을 기반으로 거래를 성사시키는 것이 사업에 있어서 무엇보다 중요하게 여겨졌습니다. 회사에서는 자사에서 생산하는 제품이 얼마나 합리적인지 알리는 데 집중했고 사람들은 그들이 왜 그 일을 하는지 쉽게 알 수 있었어요. 길게 설명할 필요가 없었죠. 하지만 지금은 비슷한 일을 하는 회사가 수없이 많아졌어요. 같은 종류의 제품, 비슷한 형태의 서비스를 취급하는 회사가 계속해서 생겨나고 있어요. 셀 수 없이 많아진 제품과 서비스 속에서 우리는 더이상 단순한 선택을 할 수 없는 지경에 이르렀습니다.

이러한 환경에서 주의를 집중하게 되는 것이 브랜드가 거는 말입니다. '브랜드의 메시지'죠. 일이 가진 속성과 그 일을 하는 관점을 더 명확하고 구체적으로 만들어 주는 일, 즉 브랜드의 메시지를 표현하고 전달하는 것이 바로 브랜딩이에요.

## 메시지의 차이가 만드는 브랜드의 차이

그럼 브랜드가 된 사업들이 어떤 메시지로 세상에 말을 거는지, 같은 일을 하더라도 서로 다른 가치와 방식을 가진 브랜드의 다양성을 알아볼까요? 우리 일상에서 반복하는 행동 중 하나가 세탁이에요. 세탁은 거의 모든 사람이 꽤 자주 몸을 움직여 하는 일상 활동이죠. 이 세탁에 관련된 사업은 오랫동안 동네 세탁소가 담당했어요. 드라이클리닝을 해야 하는 소재거나, 오염이 심해서 스스로 해결하기 어려워지면 세탁소로 옷을 들고 가서 맡겼죠. 가끔은 수선을 맡기기도 했고요. 직접 옷을 들고 세탁소에 가져가고 직접 수거를 했지만, 배달을 해주는 세탁소도 있었어요.

세탁소가 처음으로 브랜드라는 형태로 사람들의 눈에 띄게 된 건 '크린토피아'가 시작이었어요. 크린토피아는 "집에 빨래가 없는 세상"을 만들겠다는 야망으로 시작했어요. 빨래는 당연히 집안일이라는 고정 관념을 깨준 파이오니어 Pioneer 브랜드, 일명 개척 시장이었죠. '크린토피아'는 세탁이 집 밖에서도 가능하다는 인식을 소비자에게 심어 주는 데 성공합니다.

세탁 시장의 파이오니어 브랜드, 크린토피아

크린토피아는 세탁에 대한 새로운 의견을 바탕으로 브랜드 메시지를 만들고 대형 프랜차이즈 브랜드로 발전했어요. 하지만 여전히 세탁물을 맡기고 수거하는 방법에는 큰 변화가 없었죠. 동네 세탁소에 옷을 맡기듯, 크린토피아에 찾아가서 옷을 맡겨야 했어요. 그러다가 새로운 방식의 세탁 수거 방식을 내세우는 세탁 브랜드 '런드리고'가 등장했습니다. 집 밖에서 세탁을 했지만, 마치 집에서 세탁을 한 것처럼 문 앞 배송 서비스를 제공하기 시작했어요.

런드리고는 "일상에 여유와 가치를 더합니다."라고 말을 걸어요. 스마트폰으로 세탁 서비스를 쉽게 신청할 수 있도록 앱을 개발하고, 내 집 문 앞에서 모든 서비스가 시작하고 완료되도록 서비스를 기획했어요. "모바일 세탁소"라는 키워드가 쓰이기 시작한 것도 런드리고의 영향이에요.

세탁을 일상에서 해결해야 할 숙제로 보는 관점을 바꿔준 브랜드도 있어요. 세탁하는 시간을 일상 속의 숨은 여유, 즐겨 마땅한 시간으로 만든 '론드리 프로젝트'라는 공간이에요. "세탁이라는 일상의 시간을 통해 도시에서 살아가는 사람들에게 여유와 힐링, 새로운 만남을 제안하는 라이프스타일 샵"으로서의 세탁소를 내세워 세탁기가 있는 카페를 운영하죠. 무인 빨래방이 아니에요. 진짜 카페죠. 맛있는 커피를 내려 주고, 분위기 좋은 조명이 있고, 좋은 음악이 흘러나오는 곳이에요. 세탁 공간이 한 켠에 준비되어 있을 뿐이고요. 론드리 프로젝트는 세탁물이 깨끗해지는 동안 마음도 개운해질 수 있게 기분 좋은 시간을 만끽할 것을 제안합니다.

브랜드가 전하는 메시지에는 브랜드가 함축적으로 표현되어 있어요. 일의 종류, 일하는 태도, 만나고 싶은 고객 그리고 강점과 약점, 전략 등이 짧고 굵게 표현되어 있어요. 문장 하나에 브랜드의 모든 것이 담겨 있다는 것, 이것을 역으로 생각해 보면 브랜드의 모든 것을 하나의 문장으로 담을 줄 알아야 브랜딩을 했다고 말할 수 있어요. 그리고 이 한 문장을 만드는 일은 브랜딩의 시작이고 전부가 될 만큼 중요한 일이죠. 얼마나 쉽고, 명확하고 그러면서도 구체적인 이야기를 하나의 문장으로 적을 수 있느냐에 따라서 브랜드의 전달력이 결정된답니다.

스마트폰으로 세탁 서비스를 시작한 런드리고(출처 : laundrygo.com)

세탁 카페, 론드리 프로젝트(출처: laundryproject.co.kr)

3

# 돈이냐 가치냐

브랜드를 만들고 브랜딩을 하면서 돈을 벌고 싶다는 생각은 모두가 하게 될 거예요. 정도나 방식에 차이가 있을 수는 있지만, 돈과 전혀 상관없는 브랜드는 존재할 수 없습니다. 영리든 비영리든 돈과 관계없이 브랜드의 생명을 지속할 수 없어요. 이것은 사업에 대한 것이 아니라 사회가 선택한 시스템, 즉 자본주의에 대한 것이기 때문이에요. 그렇다고 돈을 벌기 위한 방법을 연구하는 것만이 브랜딩의 주요 업무는 아닙니다. 확실히 말하자면 브랜딩은 돈을 어떻게, 얼마나 그리고 왜 버는지 선택하게 해주죠. 돈을 버는 것에 대한 구체적인 요소들을 결정하게 되는 거예요.

돈을 버는 일은 중요합니다. 브랜드의 생계는 브랜드에서 일하는 사람들의 생계를 포함하기 때문이죠. 생계를 잘 챙기는 것은 살면서 가장 중요한 일 중 하나이고요. 하지만 원하는 만큼의 돈을 벌기 위해 어디까지 노력하고 얼마나 자본과 에너지를 투자해야 하는지 구체적으로 상상하고 계획하는 것은 쉬운 일이 아니에요. 우리 눈엔 성공한 브랜드의 화려한 모습만 보이지만 그 뒤에서 전혀 즐겁지 않은 일을 해야만 하는 것은 잘 보이지 않는 것처럼요. 원하는 매출이 숫자로 존재하지만, 그 숫자를 손에 쥐기 위해 해야 격파해야 할 과정들을 계획하는 것은 피하고 싶을 만큼 복잡하고 어렵습니다. 브랜딩의 결과로 보이는 성공한 이미지는 쉽게 상상할 수 있지만, 보이지 않는 곳에서 해야 하는 일들을 계획하고 대비하는 것은 현실의 영역이죠.

브랜드라는 세계에 발을 들이기로 했다면 한 번쯤은 매출에 대해서 스스로 질문해 볼 필요가 있어요. 원하는 만큼의 돈을 벌면서도 브랜드다운 삶을 살아갈 수 있는 선택을 해야 해요. 그 선택들이 바로 브랜딩의 과정이 되겠죠.

브랜드가 원하는 돈과 가치가 균형 잡힌 성장을 하려면 어떻게 해야 할까요? 자신의 메시지를 제품이나 서비스를 통해 사람들에게 충분히 전달하고, 그 과정에서 돈과 가치를 벌어들이는 활동이 브랜딩이라면, 이 2가지를 어떻게 동시에 지향할 수 있을까요? 이 질문에 대한 아이디어를 떠올리는 것이 쉽지는 않을 거예요. 이럴 때 활용할 수 있는 구체적인 질문이 있어요. "우리 브랜드다운 삶을 살기 위해서는 매출이 얼마여야 가능한가?"랍니다.

흔히 사람들은 돈이 많으면 많을수록 좋다고 생각해요. 하지만 모두 당연하다고 생각하는 것에 대해서 질문을 해보고 싶어요. 왜 돈은 많을수록 좋을까요? 돈이 많으면 재미있는 일을 더 많이 경험할 수 있을 것 같고, 사람들과 나눌 것이 더 많아질 것 같고, 또는 세상의 문제를 해결해 사람들을 도울 수 있을 것 같기 때문이겠죠. 하지만 이런 생각은 맞으면서 틀리기도 해요. 100% 완벽한 논리가 아니라는 의미예요. 가치 있는 활동은 돈의 도움을 받을 수 있지만, 오로지 돈만으로 만들어 낼 수 있는 것이 아니기 때문이죠.

'Achim(아침)'은 한 마케터의 사이드 프로젝트로 시작했어요. 하루의 일상이 시작되기 전, 나에게 가장 집중하고 싶은 마음을 담아 글귀를 모았고, 매거진을 만들었죠. Achim이 조명하는 아침 시간에 대한 정의에 사람들의 공감대가 커지게 되었고, 매거진은 뉴스레터로, 굿즈로, 브랜드 공간으로 커나갔어요. 조용하고 꾸준하게 브랜드의 규모와 깊이가 성장했죠. 사람들이 조용하고 꾸준하게 브랜드의 메시지에 공감한 덕분이에요. 오롯이 자신을 위해 시작한 프로젝트가 주변 사람들과 함께하게 되고 그렇게 점점 세상으로 스며드는 브랜드가 되었어요.

Achim 매거진(출처: have-achim.com/aboutachim)

브랜드의 가치를 전하면서 많은 사람을 만나게 되었고, 이 만남을 통해서 브랜드는 성장하게 되었어요. 혼자가 아닌 여럿이기 때문에 할 수 있었던 시간들이 모여 커뮤니티를 만들었거든요. 처음부터 "Achim만의 멋진 공간을 만들어서 운영할 거야."라는 목표를 가지고 매출을 계산하면서 달려온 것이 아니었어요. 차근차근 공감을 쌓다 보니 사람이 모이고 자연스럽게 다양한 자원이 모이게 된 거죠.

브랜딩은 브랜드가 이유 있는 속도로 꾸준히 성장하는 것을 목표로 합니다. 누구보다 빠르고 밀도 있게 집중해야 할 때가 올 수도 있고, 천천히 주변을 둘러보면서 자기 점검을 해야 하는 시기를 맞이할 수도 있어요. 이유 있는 성장은 이 모든 과정을 포함하는 거예요. 성장은 날리기만 하는 것이 아니니까요. 추운 겨울에 얇고 단단한 나이테가 만들어지듯 숨을 쉬는 한 브랜딩은 계속되고 브랜드도 계속 성장합니다. 여름보다 겨울의 성장 속도가 느릴지는 모르지만요.

브랜딩에 있어서 가장 중요한 기준은 브랜드가 전하려는 메시지에 담겨 있어요. 모든 결정이 그 메시지에 의해 이루어지죠. 하나의 메시지가 진실되다면 수많은 브랜딩 방법이 생겨날 수 있어요. 단 하나의 메시지가 수도 없이 많은 방법을 떠오르게 하죠. 그 많은 방법에는 돈을 벌 수 있는 방법도 있고, 가치를 벌 수 있는 방법도 있어요. 모두 다 브랜드답게 벌 수 있는 거죠. 단지 이 '하나의 메시지'가 얼마나 진심이냐에 따라 달렸어요. 브랜드를 만드는 사람들이 주저하지 않고 움직이게 만들 수 있는, 브랜드를 만나는 사람들이 공감하고 응원하도록 만드는 진짜 메시지여야 해요. 메시지만 명확하다면 그것을 실행하는 속도도, 규모도, 심지어 실수나 장애물도 모두 자산이 된답니다.

4

# 브랜딩 VS 마케팅

브랜딩을 이야기하려면 반드시 함께 짚고 넘어가야 할 영역이 하나 있습니다. 바로 '마케팅'이에요. 브랜딩과 아주 밀접한 관계를 맺고 있고, 애매한 경계를 가지고 있는 일이죠. 많은 사람에겐 브랜딩보다 마케팅이 익숙할 거예요. 한때 브랜딩을 만드는 사람들과 마케팅을 하는 사람들 사이에 의견이 분분하던 때도 있었죠. '어떤 분야가 더 상위 개념이냐'라는 것으로 의견이 오고갔어요. 다행히도 이 논쟁은 최근 정리가 되고 있습니다. 마케팅은 수익을 높이기 위한 일, 브랜딩은 사업의 정체성을 밝히기 위한 일이므로 두 일의 '목적'이 다르다는 것을 서로 인정하게 되었죠.

마케팅은 자신이 판매하는 제품의 필요성을 설득하는 일이에요. 제품의 우수한 특징을 알리고, 어떻게 하면 구매할 수 있는지를 알려 주죠. 그런데 시장에 비슷한 제품들이 등장하면서 사업가들은 더 화려하고 눈에 띄는 마케팅을 하기 위해 노력하기 시작했어요. 이 제품을 사용하면 마치 새로운 세계가 한순간에 펼쳐질 것처럼 말이에요. 순식간에 머릿결이 좋아지면서 인기가 높아지거나, 눈앞에 싱그러운 식탁이 차려져서 온 가족이 화목해지는 모습을 보여주는 거예요. 심지어 무엇을 판매하는지 몰라도 기분이 황홀해지는 마케팅 콘텐츠도 있어요. 그러다 맨 마지막에 브랜드의 로고가 등장하는 식이죠. 이런 콘텐츠를 반복적으로 접하다 보면 무의식적으로 그 이미지들을 사실로 받아들이게 돼요. 그리고 나도 모르게 그 제품·서비스가 꼭 필요한 것 같은 기분이 들죠. 판매하는 사람들은 이런 과정을 잘 알고 있기 때문에 실제로 마케팅에 어마어마한 돈을 쓰죠.

하지만 브랜딩이 있는 마케팅은 과하게 비용을 지불하지

않아도 더 영리한 방식으로 성과를 내요. 브랜드가 가지고 있는 핵심 가치를 그대로 드러내는 것만으로 콘텐츠가 만들어지니까요. 반면 브랜딩이 되어 있지 않다면 끊임없이 트렌드에 맞춰 홍보 방식을 바꿔야 하고, 계속해서 다양한 고객에게 어필하기 위한 여러 광고를 실행해야 하죠. 브랜딩이 없는 마케팅과 브랜딩이 있는 마케팅은 생산 비용의 차이를 만들어요. 이것이 마케팅보다 브랜딩이 선행되어야 하는 가장 큰 이유입니다. 브랜드가 전하고자 하는 메시지를 가장 적절하게 구현하는 것은 브랜딩이 하는 일이에요. 마케팅은 브랜딩된 이야기들이 원하는 소비자에게 가서 닿을 수 있도록 최적화된 방법을 구사하고요.

최근 한 티 브랜드와 “일관성 있는 브랜딩은 어떻게 하는가?”라는 고민을 갖고 멘토링을 진행했어요. 브랜드의 인스타그램 피드를 살펴보자 경쟁사와의 차이가 뚜렷이 드러났는데요. 다른 티 브랜드와는 전혀 다른 감수성을 가진 콘텐츠 중심으로 계속 새로운 커뮤니티 활동을 기획하고 있다는 점이었어요. 저는 이 브랜드에 이런 멘토링을 했죠.

이 브랜드는 아주 특별한 티 브랜드예요. 늘 같은 차를 같은 공간에서 판매하는 것이 아니라 매번 새로운 기획을 기반으로 이벤트가 만들어지기 때문이에요. 오히려 그렇기 때문에 일관성이 없다고 느끼게 되지만, 다양성은 이 브랜드의 가장 큰 강점이니까 더 고민이 되는 거죠. 브랜디드 콘텐츠는 일단 가장 쉽게는 포스팅 간에 연결 고리를 로고 플레이나 타이포그라피로 만들 수 있어요. 콘텐츠에 따라 약간의 킥이 있는 변화를 만들면서요.

그리고 더 나아가서 제안드리고 싶은 것은 대표님의 기획을 디자인과 콘텐츠 제작을 통해서 의미 있게 만들 수 있는 분과 협업을 하는 거예요. 대표님이 가진 강점은 기획과 실행, 리더십이기 때문이죠.

브랜딩 없이 마케팅에만 집중하다 보면 남들처럼 할 줄 아는 것에 만족하거나, 남들보다 조금 더 잘하는 것에 안심하기 쉬워요. 그렇게 만족하거나 안심하다 자칫 놓치게 되는 것이 '브랜디드 콘텐츠'죠. 앞서 소개한 티 브랜드 대표님과의 대화에서 흥미로웠던 점은 본인의 마음 속에는 브랜드에 대한 핵심이 아주 정확하게 잘 정리되어 있다는 것이었어요. 하지만 소비자가 볼 수 있는 공간에서는 어디에도 드러나 있지 않았죠. 하루하루 벌어지는 이벤트와 그것을 빨리 홍보해야 한다는 조급함 때문이에요. 남들만큼 해야 한다는 조급한 마음으로부터 조금만 거리감을 두고 내 이야기를 자신 있게 펼치는 활동을 감행해야 합니다. 브랜드만의 단어, 그림, 말투를 개발해 승부를 보는 브랜딩이 있는 마케팅이 필요합니다.

그때그때 잘될 것 같은 콘텐츠로 매번 새로운 마케팅 소재를 만들고 띄우는 것은 꽤나 큰 에너지가 드는 일이에요. 브랜딩된 콘텐츠는 이런 에너지를 아낄 수 있다는 효과가 있습니다. 물론 브랜딩이 되어 있어 여러 콘텐츠, 여러 행사를 진행해도 같은 브랜드라는 것을 인지하게 해주는 것이 주요 효과고요.

마케팅은 브랜딩된 모든 이야기 재료들, 즉 브랜디드 콘텐츠가 기반이라는 것을 절대 잊어서는 안 됩니다. 사람들에게 정말 필요한 것, 중요한 역할을 할 수 있을 만한 이야기들을 진지하게 수집해 재배치하고 재조합한 결과물이 브랜디드 콘텐츠죠. 목적 없이 단순히 좋은 정보만을 나열하는 콘텐츠는 아무리 마케팅에 활용해도 브랜드에 날개를 달아 주지 못해요. 제대로 작전을 짜서 만들어진 브랜디드 콘텐츠를 기반으로 나아가는 것이 진짜 마케팅인 동시에 사람들을 사로잡는 방법이에요. 브랜딩이 되어 있는 브랜드의 마케팅은 쉽고 명확해지죠. 무엇을 누구에게 알려야 하는지, 어떤 성과를 얻는 것이 브랜드에 도움이 되는지에 대한 내용이 명확하기 때문이에요.

## ✦ 나는 어떤 브랜드를 만들고 싶은가? ✦

나는 어떤 브랜드를 만들고 싶은지 다음 질문에 스스로 답해 보면서 브랜드가 추구하는 것은 무엇이고 어떤 메시지를 전달하고 싶은지 정리해 보세요.

- 브랜드의 핵심 아이템은 무엇인가?

.............................................................................................................

- 좋아하고 선망하는 브랜드는 무엇인가?

.............................................................................................................

- 나는 어떤 성격의 사람인가?

.............................................................................................................

- 내가 좋아하고 선망하는 브랜드의 대표의 성격은 어떤가?

.............................................................................................................

- 위 브랜드 대표의 성격과 내 성격에는 어떤 공통점과 차이점이 있는가?

.............................................................................................................

- 내 성격의 장점은 무엇인가? 또 사람들은 어떤 장점을 인정하는가?

.............................................................................................................

- 내가 만들고 싶은 브랜드는 내가 좋아하는 것인가?
  사람들이 좋아하는 것인가?

- 내가 만들고 싶은 브랜드에 대한 반응도가 낮다면
  그 이유는 뭐라고 생각하나?

- 브랜드의 방향성을 설정할 때 가장 큰 영향을 미치는 요인은
  '나'인가 '고객'인가?

- 나에게 중요한 가치와 메시지는 무엇인가?

- 그 메시지는 나 이외에 누구의 공감을 받을 수 있는가?

- 이 메시지가 사업 아이템을 얼마나 활성화시킬 수 있나?

2부

# 브랜드가 살아가는 법

좋은 브랜드가 잘하는 세상

1. 좋은 브랜드와 나쁜 브랜드

2. 이 많은 브랜드가 다 어떻게 살아갈까?

3. 오래된 브랜드의 브랜딩이 잘되는 이유

4. 브랜드의 뾰족함에 대해

가치를 제대로 벌 줄 아는 브랜드는
돈도 잘 벌 수 있어요.

## ①

# 좋은 브랜드와 나쁜 브랜드

좋은 브랜드와 나쁜 브랜드를 나누는 기준이 있어요. 그건 바로 브랜딩과 관련이 있답니다. "이 브랜드가 전하는 메시지가 얼마나 사람들의 공감을 얻고 있나?"라는 질문에 대한 대답에서 시작되기 때문이죠. 대답이 긍정적일수록 좋은 브랜드가 될 가능성이 높겠죠. 브랜딩이 브랜드의 메시지를 다양한 방식으로 확산시키고 성장시키는 일이라고 했을 때 이 질문은 "브랜딩이 얼마나 진정성 있고 중요한 문제를 다루고 있나?"라고 바꿀 수도 있겠네요. 브랜드가 제공하는 상품과 서비스가 사람들에게 중요한 가치를 전달하고 있나요?

나누고자 하는 메시지는 진짜인가요? 사람들이 충분히 공감하고 기꺼이 비용을 지불하면서 공감을 표현하고 있나요? 그렇다면 좋은 브랜드가 되는 거예요. 반대로 사람들에게 공감할 수 없는 이야기만 늘어놓으면서 일방적으로 자신의 메시지를 계속 던지기만 한다면 나쁜 브랜드고요.

나쁜 브랜드지만 돈을 잘 벌 수 있는 사업이 있다는 사실은 사람들을 혼란스럽게 만들어요. 사람들의 반응을 얻기 위해 교묘하게 브랜드를 포장할 줄 아는 능력을 가진 사람들은 속임수로 번 돈의 일부를 도움이 필요한 곳에 기부를 하면 된다고 생각해요. 중요한 문제를 보이지 않게 살짝 덮어버리는 것이죠. 사람들에게 계속해서 좋은 활동을 했다고 전하다 보면 금세 근본적인 사업 이야기는 잊혀질 수도 있어요. 몸에 해로운 물질을 파는 회사에서 하는 사회 공헌 활동이나 기부 마케팅은 사람들에게 이들이 열심히 벌어서 좋은 영향을 미친다고 믿게 할 수 있죠. 사람들에게 미치는 나쁜 영향은 잠깐 잊어버리게 하는 거예요. 오히려 스트레스가 풀리고 기분이 좋아진다는 이미지를 만들어서 사람들을 유혹하기도 하죠. 그보다는 영양가 있는 음식을 먹고 산책을 하는 것이 스트레스 해소와 기분 전환에 더 효과적인데 말이에요.

하지만 사람들이 브랜드에 대해서 이야기할 때에는 이런 기준에 대해서는 쉽게 생각해 내지 못해요. 브랜딩은 '가치를 나누는 일'이 아니라 '돈을 더 버는 일'이라고 여기는 것이 더 편하다고 생각하죠. 그렇기 때문에 좋은 브랜드와 나쁜 브랜드를 나누는 기준에 있어서 돈만을 중요시하는 경우가 많았어요. 그리고 돈과 가치를 분리시켜서 이야기하죠. 돈을 잘 버는지에 대해 가치와 떼어놓고 평가하는 거예요. 게다가 가치 있는 일에 대한 측정은 명확하게 해내기 힘들기 때문에 일단 무엇보다 돈을 잘 버는 브랜드를 좋은 브랜드라고 생각해버려요. 하지만 이렇게 편하게 생각해 버리다가는 해로운 일로 돈을 많이 버는 회사들이 점점 더 자기 합리화를 하며 가치 있는 일을 하는 회사들 위에 군림하려 들 수 있어요. 자칫 그런 브랜드를 위한 브랜딩을 좋은 브랜딩이라고 말해버릴 위험도 있죠.

가치를 제대로 벌 줄 아는 브랜드는 돈도 잘 벌 수 있어요. 세상에 도움이 되는 일을 하고 좋은 영향을 미칠 수 있는 브랜드가 된다는 목표는 꿈같은 이야기가 아니에요. 그런 일로 돈을 버는 정말 좋은 브랜드가 될 수 있어요. 그 브랜드에서 일하는 사람들의 매일도 좋은 시간이 될 거예요.

아직도 여전히 사람들은 가치 있는 일과 돈 버는 일을 연결하는 데에 어려움을 겪고 있어요. 반복적으로 돈을 벌고 쓰는 과정만이 국가 경제를 성장시킨다는 논리가 보편화되었기 때문이에요. 돈을 많이 쓰는 것이 좋은 것이기 때문에 쓸 돈을 벌어다 주는 일이 좋은 브랜드라고 착각하고 있어요. '가치 있는 일'은 대부분 세금으로 이루어지는 국가 활동이거나 충분히 돈을 많이 번 사람들의 취미 생활이라고 쉽게 미뤄버리는 거예요.

두루두루 시장(출처: 인스타그램 @publicdesignfestival)

2022년 가을, 서울역에서 열린 '두루두루 시장'에서 협력 코디네이터로 일했던 경험이 있어요. '두루두루 시장'은 "나, 우리, 지구를 두루두루 이롭게 할 가치로운 물건을 장바구니에 가득"이라는 문구로 행사를 홍보했고 돈과 가치를 두루두루 벌고 있는 총 28개의 브랜드 마켓이 한 달간 펼쳐졌어요.

이 시장을 열기 위해서 가치 있는 일로 돈을 벌고 있는 기업을 본격적으로 리서치했는데요. 그때 정말 깜짝 놀랐던 기억이 아직도 남아 있어요. 너무 놀라워서 주변에도 왕왕 떠들었어요. 이렇게 많은 기업이 가치 지향 비즈니스를 성장시키고 있다는 점에서 말이죠. 사람들이 모두 쉽게 이해하고 있는 '구매와 판매', '돈으로 교환하는 활동'을 활용하여 자신들이 전하고 싶은 메시지를 충분히 전달하고 있어요.

### 두루두루 상점에 참여한 브랜드들의 상품과 브랜드 메시지

| 브랜드 이름 | 상품 | 브랜드 메시지 |
|---|---|---|
| 널담 | 친환경, 동물 복지 식품 | WHAT'S THE BETTER? |
| 한아조 | 수제 스킨케어 | Pause your life |
| 프루티바스켓 | 친환경, 동물복지 펫케어 제품 | 제주의 신선한 원료로 만든 펫케어 클린 뷰티 |
| 서스테이너블랩 | 친환경 여행 어메니티 | A journey to find the beauty of people and the planet |
| 민들레마음 | 중증희귀난치질환 환아 디자인 상품 | 아이들과 함께하는 소셜 벤처 |
| 히즈빈스 | 장애인 전문가와 함께하는 커피 | 세상을 바꾸는 커피 |
| 신이어마켙 | 빈곤 노인과 함께하는 굿즈 | 새로운 세대와 가까워지는 마켙 |
| 베어베터 | 발달 장애인이 일하는 회사 | 자기만의 속도로 만듭니다 |
| 소이프 | 보육시설 청소년과 자립 준비 청년이 함께하는 제품 | STAND ON YOUR FEET |
| 매거진 MSV | 소셜 임팩트 콘텐츠 | Meet Social Value |
| 져스트 프로젝트 | 업사이클링 제품 | It is trash. but treasure to me |
| 위켄드랩 | 지속 가능한 소재 중심 디자인 스튜디오 Functional art, with material-driven narratives | From Nothing to Everything |
| 플라스틱 베이커리서울 | 업사이클링 제품 | 재밌고 후레시한 업사이클링 |
| 아트봇 | 종이 장난감 | 소중한 가치를 기억합니다 |
| 보틀팩토리 | 쓰레기 없는 라이프스타일 | 지속 가능한 일상 가이드 플랫폼 |
| 지구샵 | 제로웨이스트 제품 판매, 교육 | Journey to the better planet |

(출처: 브랜드 공식 사이트, SNS 계정)

어떻게 하면 가치와 돈을 모두 버는 브랜드들이 계속 활동할 수 있을까요? 어떻게 하면 좋은 브랜드들이 더 많아지고 나쁜 브랜드들이 사업 내용을 전환할 수 있을까요? 일단 돈의 역할에 대해서 우리가 명확하게 할 필요가 있어요. 돈은 가치와 가치를 교환하는 기준이 되는 장치예요. 그렇기 때문에 돈으로 가치 있는 활동을 맞바꿀 수 있을 때에 유용하죠. 돈 자체가 가치 있는 것은 아니기 때문에 돈과 가치를 모두 고려하는 경제 생활을 만들어가야 하죠. 무작정 돈을 마구 쓸 수 있는 상태가 되는 것이 안정을 추구하는 근본적인 방법이라는 믿음을 바꿔야 해요.

우리가 삶을 잘 꾸려 나가기 위해서는 나에게 정말 중요한 가치가 무엇인지 확인하고 그것을 이뤄 가면서 진짜 안성을 느낄 수 있다는 사실을 직시해야겠죠. 삶을 좋게 만드는 것이 무엇인지 정확하고 구체적으로 알고 있는 사람들이 많아진다면, 돈과 가치가 조화롭게 자기 역할을 할 수 있을 거예요. 돈과 가치가 균형을 이루는 제품을 제공하고 그것으로 활동을 지속하는 브랜드도 많아질 거예요.

브랜딩은 돈도 벌고 가치도 버는 일을 해야 하는데, 이것이 분명 쉬운 일은 아니에요. 그렇기 때문에 일부 사업가들은 브랜딩이 하는 일은 브랜드가 돈을 많이 벌기 위한 수단이라고 생각하기도 해요. 그렇게 하는 편이 모든 선택을 훨씬 쉽게 만들어 주니까요. 이런 사업들에게는 '왜', '어떻게', '무엇으로' 사업을 하는지보다 '얼만큼' 돈을 버는지가 더 중요해요. 원하는 만큼의 돈을 버는 사업을 하면서 동시에 자신이 원하는 가치를 추구할 수 있다는 아이디어를 내기 힘들었기 때문이 아닐까요? 그만큼 좋은 사례들을 미처 발견하지 못했기 때문이 아닐까요? 좋은 브랜드로 브랜딩을 잘한다는 것은 세상에 있어서 중요한 주제를 다루고, 그 주제에 대한 의견을 나누는 것이에요. 돈과 가치를 동시에 버는 신나는 일이죠.

브랜딩을 할 때에는 돈을 버는 것도 중요하지만, 사람들이 좋은 삶을 사는 데에 기여하고 싶다는 목표도 중요해요. 사회에 해로운 영향을 미치는 사업에 관여하는 것을 알면서도 그 일을 계속 해내야 한다는 것은 정말 우울한 일이죠. 그보다는 '오늘도 다른 사람에게 작은 도움이 되었어.'라는 생각이 드는 선택을 할 수도 있어요. 브랜드가 잘되는 것만큼이나 브랜딩을 하는 사람들의 삶도 나아지는 방향으로 나아가는 것도 굉장히 중요하죠.

하지만 여전히 사람들은 브랜딩을 돈을 더 많이 벌기 위한 수단으로만 사용하려고 해요. 더 화려하고, 더 세련되고, 더 새것처럼 보이는 방법만을 생각하죠. 그런 방법으로 돈을 벌고 그 돈을 다시 많이 쓰는 것이 사회에 좋은 영향을 미치는 유일한 방법이라고 생각하기 때문이에요. 하지만 이렇게 돈과 가치를 따로 떼어놓고 성장할 수 있다고 생각하는 브랜드는 결국 성공에 다다르지 못하죠.

좋은 브랜드가 잘되는 브랜딩으로 성장하는 것은 사람들이 '정말 중요한 것'이 무엇인지 느끼면서 살아갈 수 있는 기회를 주는 것과 같아요. 진짜 좋은 것이 무엇인지 더 많은 경험을 제공하고 그것을 누릴 계기를 만들어 주는 것이죠. 설탕이 가득한 자극적인 음료로 순간 기분을 좋게 만드는 대신 당장 일어나서 걷고 움직이면서 기분을 환기시킬 수 있도록 유도하고, 배달 음식을 왕창 주문해서 스트레스를 푸는 대신 기록을 하고 대화를 나누면서 감정을 느낄 수 있도록 도와주는 식으로 말이에요.

## 2

# 이 많은 브랜드가 다 어떻게 살아갈까?

브랜딩이 마치 사업을 영위하는 과정에서 반드시 실행해야 하는 필수 단계처럼 여겨지고 있어요. 브랜드가 아닌 사업은 점점 더 살아남기 힘들어지고 있다는 의미겠죠. 이렇게 브랜딩 작업이 계속 중요해지고 있는 가장 큰 이유는 비슷한 일을 하는 기업이 수없이 많아졌기 때문이에요.

예전에는 사람들이 필요한 것을 구하기 위해서 시장에 갔어요. 오일장같이 주기적으로 열리는 장터가 그런 곳이죠. 그러다 더 자주, 편하게 물건을 구할 수 있도록 상설 시장이 만들어졌고, 먼 곳으로 이동하지 않아도 되는 동네 슈퍼가 생겼어요. 더 많은 물건을 모아 놓은 대형 마트가 출현하고, 가까운 곳에서는 더 자주 물건을 살 수 있도록 24시간 문이 열려 있는 편의점이 만들어졌죠. 그리고 급기야 집 앞으로, 새벽에, 해외 물건까지 배달해 주는 플랫폼들이 생겨났고요.

이제는 하나의 상품을 사더라도 이렇게나 많은 선택지가 있는 거예요. 선호하는 상품을 살 수 있는 방법을, 나에게 맞는 상황에 따라 선택하게 되었죠. 심지어 물건을 사는 방식을 통해 그 사람의 성향에 대해서 알 수 있게 되었죠. 그리고 이러한 정보들을 활용해 자신만의 고객을 확보하는 것은 대부분의 기업이 타깃을 설정하는 방식이고요. 수많은 브랜드들이 각자 자신만의 고객을 찾아 살아가고 있는 거예요. 어떤 사람들에게 무엇을 팔려고 하는지에 따라서 판매 방식이 자연스럽게 결정되죠. 수많은 브랜드가 자신만의 방법을 만들어 사람들을 만나고 있어요.

자신에게 적합한 판매 방식을 선택하는 것만큼이나 중요한 것은 상품의 세분화예요. 대중을 위한 상품만을 만들던 때와 달리 요즘은 브랜드마다 자신만의 고객을 위해 상품의 기능과 효능을 고도화하는 사업이 많아지고 있어요. 더 많은 사람에게 어필하는 것이 아니라 더 확실한 타깃 고객을 발굴하는 것을 목표로 하죠.

대표적으로 식재료 시장을 살펴볼 수 있어요. 식재료는 가장 규모가 큰 분야 중 하나죠. 사람은 하루에 한 번 이상 매일 식사를 하면서 살아가니까요. 매일 반복적으로 식사를 하면서 점점 다양한 음식을 원하는 사람들이 많아졌어요. 입맛이 다양해지는 거죠. 연령이나 직업에 따라서 음식의 다양성이 요구되기도 해요. 친환경이나 유기농 농법으로 재배한 식재료만을 모아 놓은 브랜드들이 있어요. 신체적으로나 심리적으로 특별한 상황에 처한 사람들을 위한 케어푸드 브랜드도 계속해서 생겨나고 있고, 반려동물을 위한 식사를 취급하는 브랜드도 점점 다양해지고 있어요. 다양한 사람의 구체적인 필요에 응답하는 세분화된 상품을 취급하는 사업이 점점 더 많이 생겨나고 있는 건 브랜드 경쟁이 치열해진 요즘, 너무도 당연한 현상이 되었어요.

**세분화된 식재료 브랜드의 상품 특징과 브랜드 메시지**

| 상품 특징 | 브랜드명 | 브랜드 메시지 |
|---|---|---|
| **대형유통** | SSG | 믿고 사는 즐거움 |
| **편의점** | 씨유 | 나이스투씨유 |
| **다양/고급** | 컬리 | Better Life for All |
| **친환경/유기농** | 한살림 | 더불어 사는 세상 |
| **케어푸드** | 그리팅 | 우리집 밥상주치의 |
| **케어푸드** | 디자인밀 | 나에게 맞춘 영양을 디자인하다 |
| **비건** | 지구인컴퍼니 | 지구를 위한 식물성 고기 |
| **펫푸드** | 뉴트리플랜 | 우리 가족 영양 밸런스 |
| **펫푸드** | 퍼센트잇 | 1:1 맞춤 화식 |
| **파치 농산물** | 어글리어스 | 못난이 농산물 정기 배송 서비스 |

이렇게 비슷한 듯 각자 다른 세일즈 포인트를 가지고 사업을 성장시키는 브랜드가 많아지는 이유는 시장이 점점 전문화되고 사람들이 그런 흐름에 익숙해지기 때문이에요. 사람들은 지불하는 돈의 가치만큼 더 확실한 제품과 서비스를 누리고 싶어하죠. 브랜드들은 이러한 사람들의 필요와 욕망에 대응하고 뛰어난 답을 내고 싶어하고요. 그렇기 때문에 브랜드의 업무 영역을 더욱 전문적으로 만들어가고 있습니다. 식

재료의 성분을 연구하는 것 못지않게 배달하고, 응대하고, 사후 처리하는 일에도 각각 전문적으로 임하는 사람들이 있는 것처럼요. 식재료 회사만 전문적으로 상대하는 물류 회사, 식재료 전문 패키지만 제작하는 연구소나 제조업체까지 생겨나고 있죠.

전문화의 세계에는 효율성이라는 배경이 있습니다. 효율적으로 일을 해내면서 뛰어난 결과를 만들겠다는 목적이 깔려 있는 거죠. 사업마다 다루고 싶은 구체적인 주제가 있는 것은 그 일을 정말 잘 해내고 싶다는 것이거든요.

물론 한 가지 전문적인 일에 집중하는 것보다는 더 큰 규모로 더 많은 연결을 해내고 싶은 사업가도 있을 거예요. 다루는 규모에 따라서도 전문적인 능력이 필요하죠. 통합적으로 사업을 바라볼 줄 알아야 하고, 수많은 복잡한 요소를 고려하면서 최선의 선택을 할 수 있어야 해요. 전문 경영인이 출연하게 된 데에는 이런 배경이 있죠. 통합적인 일마저도 전문적으로 해낼 수 있는 사람이 필요해진 거예요.

전문화는 무엇을, 어떻게, 왜 잘하고 싶은지에 대한 결과입니다. 이 사업을 왜 잘하고 싶은지, 그래서 그 방법으로 선택한 상품의 종류와 판매 방식은 무엇인지, 이 사업을 어떤 기준으로 성장시키려고 하는지를 하나씩 결정하고 수행해 나가면서 일의 전문성이 높아지죠. 우리 주변에는 이런 전문가들이 정말 많아요. 그리고 모두 각자의 이유로 일을 성장시키고 있어요. 그에 따라 바라보는 고객이 다르고 다루는 핵심 상품이 다르죠. 단순히 열심히 오랫동안 일을 하는 사람을 전문가라고 부르지 않는 까닭도 이 때문이에요. 정확한 이유와 방향성 그리고 성과가 있어야 하죠.

앞으로도 브랜드의 숫자는 점점 많아질 거예요. 전하고 싶은 메시지가 각기 다른, 무척 다양한 브랜드의 세계가 오는 거죠. 거의 모든 사업과 직업이 브랜드의 개념을 적용하면서 나만의 이유를 발전시키려고 할 거예요. 물론 '브랜드'나 '브랜딩'이라는 단어에 싫증을 내고 멀어지고 싶어하는 사람들도 점점 많아지겠죠. 이렇게 멀어지는 방식 자체가 그들이 자신만의 메시지를 전하는 핵심이 되기도 하고요. 마치 '무인양품(無印良品)'처럼 말이에요.

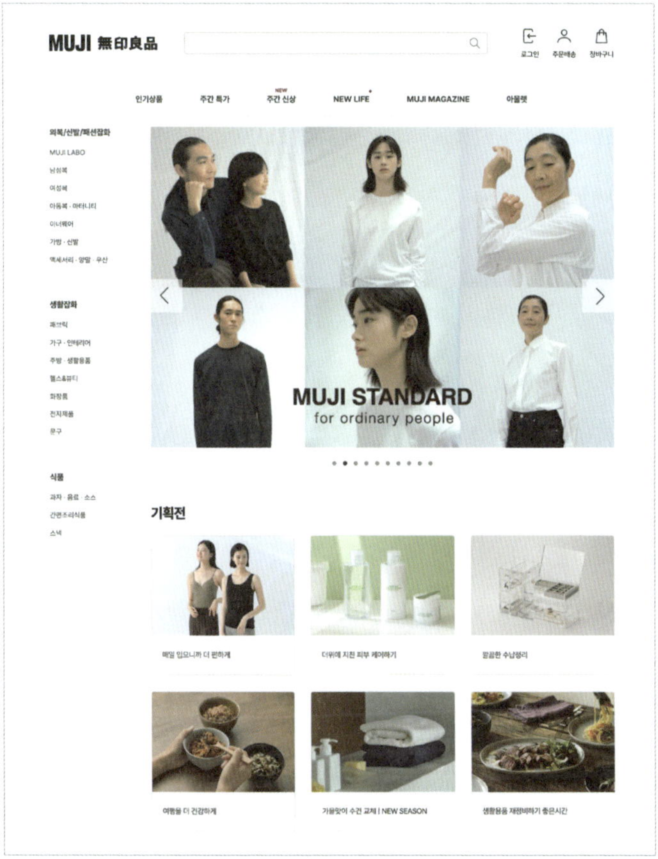


무인양품 코리아 (출처: mujikorea.net)

무인양품은 '상표가 없고 품질이 좋은 제품'이라는 뜻이에요. 브랜드가 없는 것이 브랜드의 이름이 된 거죠. 브랜드가 붙었다는 이유로 이유 없이 제품의 가격이 인상되는 것에 반대한다는 철학에서 시작했어요. 기업 소개에서도 "무인양품은 브랜드가 아닙니다."라는 문장을 써놓고 있죠. '브랜딩을 반대하는 브랜딩'을 실천하면서 매우 단순하고 철저하게 제품의 기능에 집중한다는 특징을 가지고 있어요. 브랜드가 넘쳐나는 시대에 무척 차별화된 브랜딩 전략을 구사하고 있는 셈이고요.

누군가에게 정확하게 가서 닿기 위해 나만의 일을 하면서 수많은 브랜드들이 살아가고 있어요. 더 구체적인 제품을 만들고 더 명확한 방식을 찾아내면서 말이죠.

## 3

# 오래된 브랜드의 브랜딩이 잘되는 이유

브랜딩하는 사람들이 동경하는 대표님들이 있어요. 오랫동안 한 가지 일을 지켜온 경우가 그래요. 긴 시간 꾸준히 이어져온 사업일수록 브랜드 가치가 높아지기 때문이죠. 브랜드로 발전시킬 수 있는 메시지를 찾을 수 있는 가능성이 높고, 시간과 함께 쌓인 이야기들이 풍성할 테니까요.

물론 오랫동안 한 가지 일을 지켜왔지만 새로운 브랜드를 만드는 편이 더 좋다고 생각하는 경우도 많아요. 낡고 오래된 분위기에서 한번 싹 갈아엎고 새로 반짝이는 분위기를 건설하는 것이 좋다고 말이죠. 자신이 이 일을 해오면서 너무

고되고 힘들었다고 생각하는 분들은 그 시절의 자취를 남기고 싶어하지 않죠. 그렇게 모든 것을 한 번에 갈아치울 수 있는 것을 브랜딩이 할 일이라고 생각하고 일을 의뢰하는 경우도 많아요. 폭발적인 관심을 끌어내 사업을 빠르게 성장시킨 다음 엑싯Exit을 원하는 경우도 있어요. 한 가지 일을 수십 년 동안 하는 것보다 다양한 일을 짧게 경험하는 것을 많은 사람이 선호하고 있어요. 그리고 이런 짧은 주기의 일을 성공시키려는 시도에 가장 자주 동원하는 수단이 브랜딩이라고 이야기하기도 한답니다.

브랜딩에는 분명 주위를 환기시키고 사람들의 주목을 받기 위해 힘써야 하는 역할이 있어요. 그런데 여기서 중요한 것은 무엇을 주제로 관심을 끌려고 하느냐는 거예요. 브랜딩은 관심을 끌 수 있는 주제를 브랜드 안에서 발견해요. 그 관심이 얼마나 오래갈 수 있느냐까지도 연결하고요. 사업이 브랜드로 발전하려면 시간을 많이 쓰는 것이 가장 중요하다는 이야기를 하고 싶은 것은 아니에요. 다만 전하려는 메시지가 사람들의 관심을 꾸준히 끌기 위해서는 사업을 운영하고자 하는 마음이 얼마동안 지켜지고 있는지가 중요하다는 거예요.

한 가지 일을 오래 하면서 쌓은 경험에는 여러 상황에 대한 이해와 판단이 실하게 차있습니다. 차근차근 키워온 기술력에는 더 많은 아이디어를 낼 수 있는 데이터가 함께 쌓였을 거예요. 또, 그 안에서 연결된 관계를 통해 할 수 있는 일의 영역도 넓어지고 역할이 명확해집니다. 그리고 이 모든 요소가 브랜딩의 재료가 되죠. 시간과 노력은 사람들의 관심을 넘어서 신뢰를 획득하게 합니다. 오랫동안 일을 이어가기 위해, 살아남기 위해 필요했던 노력의 면모들이 하나하나 브랜드의 핵심 가치가 되는 거예요.

서울에서 가장 오래된 빵집으로 유명한 '태극당'은 전쟁 이후 사람들에게 배불리 맛있는 빵을 제공하고 싶은 마음으로 창업을 했어요. 옛 방식 그대로 이어지는 제조 방식과 장인 정신, 품질 좋은 재료를 사용하고 있다는 것을 꾸준히 전하고 있죠.

서울에서 가장 오래된 빵집, 태극당(출처: taegeukdang.com)

창업 당시의 태극당은 당장 해야 할 일을 열심히 했을 거예요. 그 시절 사람들이 좋아하는 빵으로 유행을 만들고 인기를 얻었겠죠. 그러면 다시 새로운 빵을 만들 동력도 생기고 꾸준히 팔리는 빵을 조금씩 더 개선해서 스테디셀러로 만들 수 있는 여유도 생기죠. 이런 과정이 쌓이고 쌓여서 오랫동안 사랑받는 브랜드로 성장하게 된 거예요.

"변한다는 건 좋은 일이고, 변하지 않는다는 건 맛있는 일입니다." 태극당이 말하는 변화에 대한 생각이에요. 태극당은 "좋아하는 빵 맛은 변하면 안 되니까요, 지켜져야 하니까요. 그래서 변하지 않는다는 건 옳은 일입니다. 맛에 대한 옳은 일입니다."라는 말도 덧붙이고 있죠. 아디다스와 콜라보를 하고 더현대서울에 입점을 하게 된 태극당의 배경에는 모나카 아이스크림을 중심으로 만들어진 강한 브랜딩의 축이 존재해요. 그 시대에 꼭 필요한 일을 해내기 위해 모든 작전을 행동에 옮기다 보니 어느덧 시간이 흘러 손자에게 단단하게 여문 형태로 건네게 되었고, 손자는 이 역사를 이어받아 요즘 사람들에게 전하는 방법을 계속 연구하면서 브랜드를 성장시키고 있는 거죠.

오랫동안 키워온 사업이 새롭게 브랜딩되어 시대를 다시 풍미하게 된 데에는 이 일을 지켜온 사업가의 힘에 힌트가 있어요. 브랜딩은 반드시 그 힘으로부터 시작되어야 하죠. 브랜딩은 '지속되도록 하는 것'이기 때문이에요.

브랜드가 빛을 잃지 않고 차근차근 잘 나이들려면 반드시 자기 수용의 다짐이 필요합니다. 화려한 순간을 즐기는 것에서 끝내는 것이 아니라 순간순간 축적할 수 있는 인사이트들을 찾아내서 다음으로 넘어가는 재료로 삼아야 하죠. 브랜딩 활동을 하나씩 해나가면서 사업의 핵심 가치를 발견하다 보면 스스로에 대한 객관적인 판단이 가능하게 되거든요. 신나는 마음과 차분한 생각이 조화를 이루면서 서서히 자신만의 안정감을 구축하는 여정이 브랜딩이 궁극적으로 지향해야 하는 방향이에요. 그리고 이 여정에서 충분한 시간은 필수 조건이 되겠죠.

변하지 않는 것과 변하는 것을 구분해서 이야기할 수 있는 것은 시간을 들여 성장해온 브랜드만의 특권입니다. 변하는 것에 적응하기도 하고 변하지 않는 것을 지켜오면서 만들어진 '경험에 의한 지혜'가 담겨 있죠. 오래되고 현명한 브랜드의 역사를 우리는 헤리티지Heritage라고 부르기도 해요.

4

# 브랜드의 뾰족함에 대해

브랜딩 작업을 시작하면 반드시 지키는 원칙이 있습니다. 편안한 분위기에서 대표님과 이야기를 나누는 시간을 여유 있게 가지는 거예요. 대표님이 생각하는 브랜드의 이상적인 모습이 어떤 것인지 차근차근 전해 듣고 구체적으로 그리는 시간을 갖죠. 한 번으로는 아무래도 부족해서 두 번, 세 번 만나기도 합니다. 같은 질문에 대한 대답이 두 번째, 세 번째 만남에서는 더 다듬어지고 더 솔직해질 수 있기 때문이에요.

브랜딩 작업의 결과물은 대개 방향성을 기획서로 정리한 다음 이를 언어와 디자인으로 표현하는 것입니다. 머리와 마음에만 있던 이야기를 꺼내서 볼 수 있고, 읽을 수 있고, 들을 수 있고, 만질 수 있도록 해주는 일이죠. 그렇기 때문에 대표님의 생각과 느낌에 대해 차분히 인터뷰하는 것이 브랜딩 작업의 시작점이 됩니다. 충분히 이야기를 듣고 이해하고 공감하는 것으로부터요.

솔직한 대화 속에서 조용히, 열심히, 날카롭게 찾아내야 할 것이 있습니다. 바로 이 브랜드만의 특이점입니다. 여기서부터 브랜드의 뾰족함을 만들어가야 하기 때문이에요. 뾰족함이라는 것을 흔히 굉장히 개성 있고 특별한 무언가로 생각하는 경우가 많습니다. 물론 남들과 다른 것만으로도 충분히 관심을 받았던 때도 있었죠. 모두 검은색이나 흰색 차를 탈 때 쨍한 노란색 차를 타는 것만으로, 눈에 띄는 헤어 스타일이나 남들이 잘 입지 않는 옷을 입는 것만으로 특별함을 부여받기도 했습니다. 튀는 스타일은 남들보다 용기 있다는 것을 의미하고 감각을 중요하게 여긴다는 것을 의미했죠. 하지만 '뾰족하다'라는 말에는 '우수하다', '새롭다', '튄다'라는 뉘앙스 외에도 다른 의미가 포함되어 있어요. 한 단계 더 넘어야 할 특별함의 기준이 있습니다. 바로 브랜드 자신으로부터 시작하는 이야기가 필요하다는 것입니다. 그렇다면 자신으로부터 시작하는 특별함을 가진 브랜드의 뾰족함이란 어떤 걸까요?

농산물을 예로 들어 볼까요? 우리나라에서 농산물의 유명도는 농장의 위치에서 시작하고 끝나는 경우가 많죠. 청송 사과나 가평 잣, 상주 곶감은 지역 이름만으로 판매가 보장되는 농산물이에요. 이런 농산물을 특산물이라 부르기도 하고요. 지자체에서 발 벗고 나서서 농산물을 브랜딩하는 과정에서 생겨난 현상이에요. 이러한 과정을 거쳐 브랜드가 된 지역 농산물은 지금도 사람들에게 확실하게 인식이 되어 매출에 좋은 영향을 주고 있어요.

그런데 요즘 재미있는 농산물 브랜드들이 많이 생겼어요. 전에는 없었던 종류의 브랜드죠. 대를 이어 토마토 농사를 짓는 '그래도팜'에서는 '토마로우'라는 브랜드를 런칭했어요. "다양한 토마토와 함께하는 더 나은 내일, various tomatoes, better tomorrow"라는 슬로건을 가진 귀여운 브랜드죠.

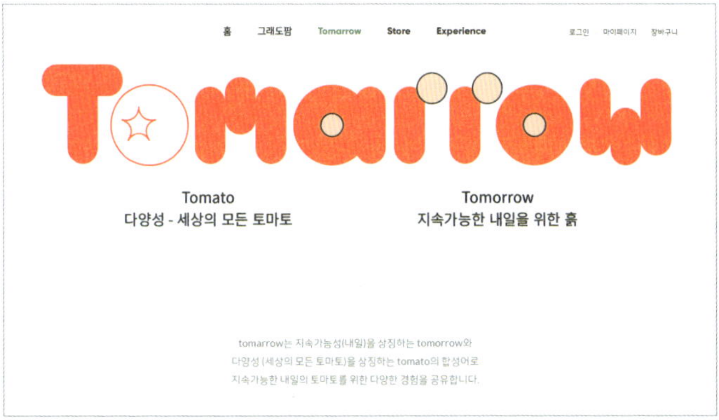

그래도팜의 토마로우(출처: tomarrow.com)

이 브랜드는 다양한 토마토를 알아 가면서 더 나은 농업에 대해 생각할 기회를 주는 귀중한 경험을 제공합니다. 토마토 농장을 운영하는 부모님의 마음을 더 오래 이어가고 또 확산하려는 아들의 입장에서 들려 주는 이야기이고요. 사람들을 직접 농장에 초대해 부모님이 일궈 온 토마토 농사 이야기를 나누면서 탄생한 것이 토마로우라는 서비스 브랜드예요. 다른 누구도 아닌 자신과 부모님으로부터 시작된 브랜드죠. 어떤 지역에서, 어떤 우수한 종자를 키우는 것을 앞세워 홍보하는 것이 아니에요. 어떤 이유로, 어떤 이야기를 전하고 싶은지 그래도팜이라는 세상에서 하나뿐인 토마토 농장 가족의 목소리로 듣는 거예요.

농장은 없지만 농사를 연구하는 흥미로운 브랜드도 있어요. '곡물집集'입니다. 농장은 없지만 카페에서 여러 가지 농산물을 활용한 메뉴를 맛볼 수 있고 가공품을 구입할 수 있답니다. 곡물집集은 자신을 "균형 잡힌 시각으로 현재의 가능성을 탐구하는 곡물 경험 브랜드"라고 소개합니다.

여러 농산물 중 비교적 관심을 덜 받고 있는 '곡류', 그중에서도 '토종' 곡물을 집중적으로 '탐구하는 활동'을 하는 것 그리고 이 탐구 활동의 결과물을 사람들에게 공유하는 것이 곡물집集이 지향하는 방향이에요. 곡물집集에서 자주 쓰는 말인 '식경험'의 범주 안에 토종, 종 다양성, 생산자, 일상이라는 주제를 담아 전달하죠. 나중에는 식경험 디자인 학교를 만들고 싶다는 곡물집集 대표님의 인터뷰를 읽으면 농산물이 이렇게 재미있게 연구될 수 있는 대상이라는 데에 놀라게 됩니다.

탐구와 실험의 대상으로 농산물을 대하는 브랜드의 방향성은 곡물집集 대표님의 개인적 성향에서 시작되었을 것이 분명하죠. 이곳에서 벌어지는 활동들을 담은 <ACG 50 Moments 곡물집集이 큐레이션한 50가지 순간>이라는 콘텐츠를 보면 이 브랜드가 연구에 얼마나 진심인지 쉽게 이해할 수 있답니다.

곡물집集이 큐레이션한 50가지 순간(출처: acollective.kr/moments)

브랜딩이 추구하는 뾰족함은 멋진 단어로만 표현할 수 있는 것은 아니에요. 그래도팜이 나누는 건강한 땅에서 난 토마토, 토마로우가 전하고자 하는 "다양한 토마토와 함께하는 더 나은 내일"이라는 메시지, 곡물집集이 몰입하는 토종곡물 식경험 탐구 활동을 보면 거창하고 낯선 단어를 사용하지 않아요. 오히려 개인적이고 그래서 더 친근한 것들이죠.

이제 점점 더 개인적인 이야기가 주목받는 시대가 되었어요. "가장 개인적인 것이 가장 창의적인 것이다."라는 영화감독 마틴 스코세이지의 말을 새기고 영화를 만들어왔다는 봉준호 감독의 오스카 수상 소감은 사람들에게 큰 울림을 주기도 했죠. BTS도 한 인터뷰에서 "지극히 개인적인 이야기가 세계 각국 사람들로부터 공감을 받았다."라는 말로 자신들이 받고 있는 세계적 관심의 이유를 들었고요.

뾰족한 브랜드는 자신으로부터 나온 단어들을 평범하게 사용합니다. 남들과 다른 말을 쓰려고 노력하지 않아도 되는 것은 흔한 단어들로도 충분히 자신을 표현할 수 있기 때문입니다. 브랜딩에서 '나다움'이 가장 중요하고 정체성 확립이 가장 선행되는 작업인 이유는 여기에 있어요. 우리는 '좋은 제품'을 '멋진 홍보'로 드러내는 브랜딩을 너무 많이 경험했잖아요. 뾰족함, 나다움은 특이하거나 눈에 띄는 것을 말하는 것이 아니에요. 어떤 관점을 가지고 이 브랜드의 일을 세상에 드러내는지, 이 브랜드가 표현하고자 하는 것은 무엇인지, 그 이야기를 명확하게 하려는 지점에서 브랜드의 뾰족함이 자라나는 거죠.

## 좋은 브랜드와 나쁜 브랜드

여러분에게 좋은 브랜드와 나쁜 브랜드는 어떤 이미지를 가지고 있나요? 특정 브랜드와 관련해서 떠오르는 단어를 골라 보세요. 선택한 단어 사이에도 가장 큰 영향을 미치는 단어가 있을 거예요. 가장 강력하게 내 판단을 만들어 내는 이미지라는 뜻이죠. 떠오르는 단어를 고르고 마지막으로 가장 좋은 브랜드와 나쁜 브랜드를 작성해 보세요.

• 내가 생각하는 '좋은 브랜드'의 이미지는 어떤 것인가요?

아름답다 신난다 평화롭다 성실하다 겸손하다
넉넉하다 넉살 좋다 느긋하다 낭만적이다
다정하다 당당하다 든든하다 다재다능하다
단호하다 대담하다 믿음직하다 명랑하다
매력적이다 유연하다 똑똑하다 배려심 있다
배짱 있다 부드럽다 순수하다 소신 있다
소탈하다 상냥하다 카리스마 있다 생기 있다
용감하다 우아하다 위대하다 유쾌하다
자신감 있다 지적이다 유머러스하다 적극적이다
책임감 있다 의미 있다 포용력 있다 헌신적이다
재미있다 정의롭다

• 내가 생각하는 '나쁜 브랜드'의 이미지는 무엇인가요?

칠칠맞다 / 비합리적이다 / 공격적이다 / 자기중심적이다 / 감정적이다 / 발끈한다 / 변덕스럽다 / 까다롭다 / 신경질적이다 / 얕다 / 거짓이다 / 고집이 세다 / 소심하다 / 엄격하다 / 수다스럽다 / 입이 가볍다 / 거만하다 / 순진하다 / 배포가 작다 / 무책임하다 / 경직되었다 / 즉흥적이다 / 시끄럽다 / 산만하다 / 예민하다 / 지루하다 / 둔감하다 / 보수적이다 / 우유부단하다 / 생각이 짧다 / 멍청하다 / 부주의하다 / 뻔뻔하다 / 사교성이 없다 / 요령이 없다 / 비판적이다 / 급하다

• 나에게 있어서 가장 좋은 브랜드와 가장 나쁜 브랜드는 각각 무엇인가요?

3부

# 욕망이 만드는 4가지 브랜드 유형

1. 브랜드에도 성향이 있다
2. 세상의 문제를 해결하는 '똑똑한 브랜드' — 능력추구형
3. 실용과 효율의 '수완 좋은 브랜드' — 이익추구형
4. 관계를 통해 성장하는 '친근한 브랜드' — 인정추구형
5. 스스로 빠져드는 '집중하는 브랜드' — 몰입추구형

브랜딩을 하는 데에 있어서
제품과 고객만큼 브랜드를
만드는 사람의 욕망을
직시하는 것이 중요합니다.

## 1

# 브랜드에도 성향이 있다

브랜드에도 성향이 있습니다. 종의 특질처럼 브랜드 자체가 만드는 공통점이 있고, 개체성과 비슷하게 브랜드마다 가진 특징도 있어요. 마치 심리 검사를 통해 사람의 성향을 분류하는 것처럼 브랜드도 만드는 사람들에 따라 성향을 파악할 수 있죠. 브랜드를 만들어가는 사람들이 순간순간 어떤 선택을 할지 결정하는 기준들은 브랜드의 성향에 따라 다르게 적용돼요. 이미 이 브랜드는 그런 결정을 할 수밖에 없는 숙명 같은 성질이 분명히 있는 거예요.

## 브랜드의 성향을 만드는 3요소

브랜드의 성향을 결정짓는 외형적인 요소는 제품과 고객이에요. 제품을 먼저 정하면 고객이 자연스럽게 결정되고, 원하는 고객을 먼저 설정하면 그에 따른 제품의 특징들이 결정되죠. 예를 들어 가성비 좋으면서 친환경 재료로 만든 샴푸를 파는 브랜드에게는 '머리를 감는다'는 행위를 하는 모든 사람이 고객이 돼요. 그렇기 때문에 대중, 즉 최대한 많은 사람을 사로잡을 설득력과 호감도를 갖추는 것이 중요하겠죠. 어떻게 하면 다양한 직업, 연령, 국적의 사람들에게 알릴 수 있을지 고민하는 커뮤니케이션 전략도 필수가 되고요. 거의 모든 사람이 사용 가능한 제품을 만들기로 결정했으니, 이 브랜드는 태생부터 대중이라는 고객 유형을 설득해야 한다는 미션을 가지는 거예요. 이 미션이 성공하고 나면 이 사람들을 대상으로 더 다양한 상품을 만들어 내면서 브랜드를 확장할 수 있겠죠.

캠핑 브랜드라면 조금 더 고객의 범위가 좁아집니다. 누구에게 어떻게 이 브랜드를 소개해야 할지 시장의 크기가 정해져 있기 때문이에요. 캠핑이라는 활동을 즐겨하는 사람들을 확실하게 설득하는 것이 가장 우선이 돼요. 실제 사용자들이 중요하게 여기는 디자인, 실용성, 내구성의 측면에서 제품이 쓸 만하다고 느껴야 하죠. 이 목적을 먼저 달성해야만 시장에서 확고하게 자리잡을 수 있을 거예요. 그 후에 새로운 고객을 만나는 것을 브랜드의 확장으로 설정할 수 있겠죠. 캠핑을 하지 않는 사람들에게도 캠핑을 제안할 수 있는 새로운 일들을 계획할 수 있게 되는 거예요.

이처럼 무엇을 누구에게 판매하는지, 제품과 그에 따른 고객의 특징에 따라서 브랜드가 어떻게 일을 해야 하는지, 브랜딩을 어떻게 해야 하는지에 대한 단계가 그려지는 거예요. 제품의 특징이 고객에게 접근하는 방식을 결정하고, 이 방식을 기반으로 브랜드의 성향이 결정됩니다.

물론 성향을 결정짓는 요소가 제품과 고객만은 아니에요. 여기서 브랜드의 성향을 결정하는 마지막 요소인 '브랜드를 만드는 사람의 욕망'이 등장해요. 브랜딩을 하는 데에 있어서 제품과 고객만큼 브랜드를 만드는 사람의 욕망을 직시하는 것이 중요합니다. 지금 이 브랜드를 책임지고 운영하는 사람들에 따라서 브랜딩이 달라질 수 있어요.

대중적인 아웃도어를 만들고자 하는 패션 브랜드들이 있다고 상상해 볼게요. 이들이 판매하는 제품의 기능이나 고객 시장이 비슷할 경우 무엇이 이 브랜드들의 차이를 만들까요? 메시지가 더 뾰족한 브랜드, 브랜딩이 더 뛰어난 브랜드는 어떻게 티가 날까요? 한 브랜드는 "자연에서 고독을 느끼는 순간"을 아웃도어 활동의 절정이라고 이야기해요. 다른 브랜드는 "사랑하는 사람들과 함께 평화로운 자연의 품에서 맛있는 것을 먹고 신나게 떠드는 시간"이 아웃도어 활동이 선사하는 행복이라고 할 거예요. 또 다른 브랜드는 "홀로 떠난 여정에서 새로운 사람들을 만나 함께 모험을 즐기지"고 제안할 수 있어요. 모두 비슷한 제품으로 같은 시장을 바라보고 있지만 하고 싶은 이야기가 조금씩 다르죠.

이처럼 어떤 사람들이 어떤 상황에서 제품을 활용해 주기를 바라는지에 대한 그림은 브랜드를 만드는 사람들에 따라 다르게 그려져요. 이런 차이를 정체성, 브랜드다움이라고 말해요. 하지만 한편으로는 이런 생각이 들기도 하죠.

"그래서 도대체 브랜드다운 게 뭔데?"

## 브랜드 정체성을 찾는 MECE와 로직 트리

브랜드 정체성이 대체 무엇이고 그것을 어떻게 다룰 것인가에 대한 내용은 브랜드 운영자가 어떤 욕망을 품고 있는지 그리고 그 욕망을 전달하는 과정에서 얼마나 주체적인 해석을 할 수 있느냐에 달렸어요.

브랜드의 욕망은 브랜딩의 시작이자 전부라고 해도 과언이 아니에요. 똑같은 제품으로 똑같은 사람을 대하려고 할 때도 너무나 다양한 메시지를 전할 수 있다는 것을 우리는 확인했어요. 브랜드의 정체성은 욕망에서 시작해 제품과 고객으로 연결되는 거죠.

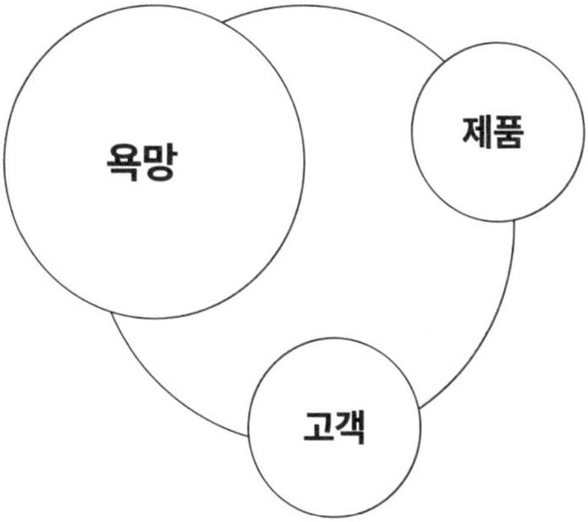


브랜드 정체성을 결정짓는 3요소

이처럼 제품과 고객을 기반으로 하는 브랜드의 외부 요인과 브랜드를 만드는 사람들을 기반으로 하는 브랜드의 내부 요인은 '인식과 수용'의 과정에서 정리됩니다. 리서치, 인터뷰, 설문 등의 각종 데이터가 분석을 통해 도출되는 결과를 편견이나 집착 없이 직시할 수 있는 능력이 필요하죠.

인식과 수용 단계에서 좋은 결론을 발견하기 위한 방법으로 MECE Mutually Exclusive, Collectively Exhaustive를 활용한 로직 트리 만들기가 있어요.

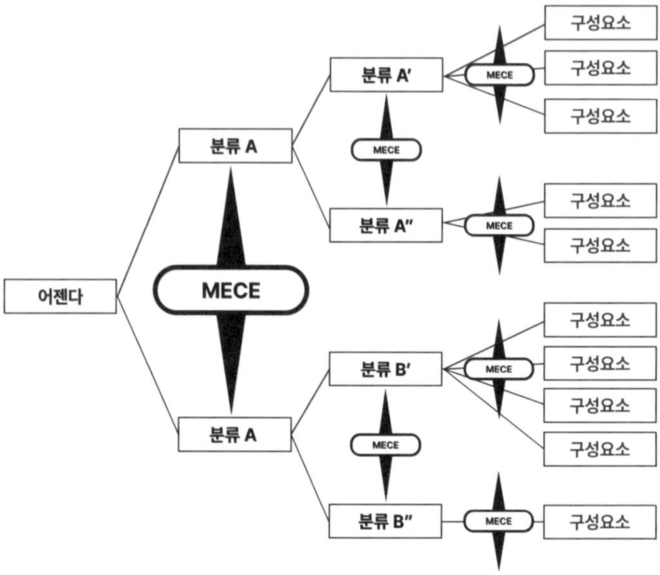


MECE를 활용한 로직 트리 만들기

MECE는 이름 그대로 중복되지 않고 상호 배타적이며 합이 전체가 될 수 있는 요소의 집합을 의미하죠. 해결해야 하는 이슈가 하나 있다면 이를 세분화한 다음 중복되지 않도록 나눠서 배치하고 또 한 번 중복되지 않도록 세분화하는 것입니다. 물론 반대로 이렇게 세분화한 요소를 모두 합쳤을 때 다시 첫 번째 가지가 될 수 있어야 하죠. 이렇게 요소들을 매핑하다 보면 마치 나무에서 가지가 뻗어 나가는 모양으로 구조가 형성된다고 하여 로직 트리라고 불러요. MECE는 로직 트리를 만들 때 명심해야 할 방법론이며 로직 트리는 MECE를 활용한 논리적 다이어그램이라고 볼 수 있어요.

MECE는 브랜드에 영향을 미치는 요소들을 꼼꼼하게 살피는 동시에 각 요소가 어떤 관계를 맺는지 논리적으로 확인할 수 있는 방법이에요. 통상적으로는 사업의 외부 요인 분석에 많이 활용하고 있죠.

사업을 분석할 때 이러한 논리적인 방식을 채택하지 않고 대화나 성찰로 파악하려는 경우가 있습니다. 하지만 "이 브랜드가 어떻게 성장하는 게 좋을까요? 당신은 이 브랜드에서 어떤 충족감을 느끼죠? 이 브랜드는 무엇을 잘할 수 있을까요? 왜 그렇게 생각하죠?"라는 대화를 나누면서 답을 찾는 것은 사실 그렇게 쉬운 일이 아니에요. 너무 많은 변수가 작용하니까요. 6개월만 더 다니고 퇴사를 계획하고 있는 직원과 대화를 한다면 쉽고 편한 대답들만 돌아올 수 있어요. 최근에 업무 스트레스가 높은 직원과 대화를 한다면 모든 가능성이 부정적으로 느껴질 수 있죠. 100% 솔직한 대화를 하는 것은 결코 쉬운 일이 아닙니다. 그렇다고 대화 없이 스스로 성찰하며 욕망을 마주한다는 것은 더욱 어려운 일이죠. 이럴 때 MECE를 활용한 로직 트리를 활용해 보는 거예요. 하나씩 채워야 할 칸들이 '치우침이 없고 꼼꼼하게 질문해 주는 누군가'의 역할을 대신해 준다고 생각하면서 말이죠.

먼저 제품의 형태에서 시작하는 로직 트리를 그려볼게요. 지금까지 수집한 정보와 의견을 빠짐없이 단어로 적고 이 단어들을 세분화하면서 배열해 보세요. 세분화를 하면 할수록 단어 간 관계가 만들어지는 것을 볼 수 있습니다. 결론에 가까운 인사이트는 매핑된 단어들을 다시 확인할 때 가능해요. 빠짐없이 나열된 정보와 의견을 검토하면서 우리 브랜드와 가장 적합한 요소들을 선택하는 것이죠.

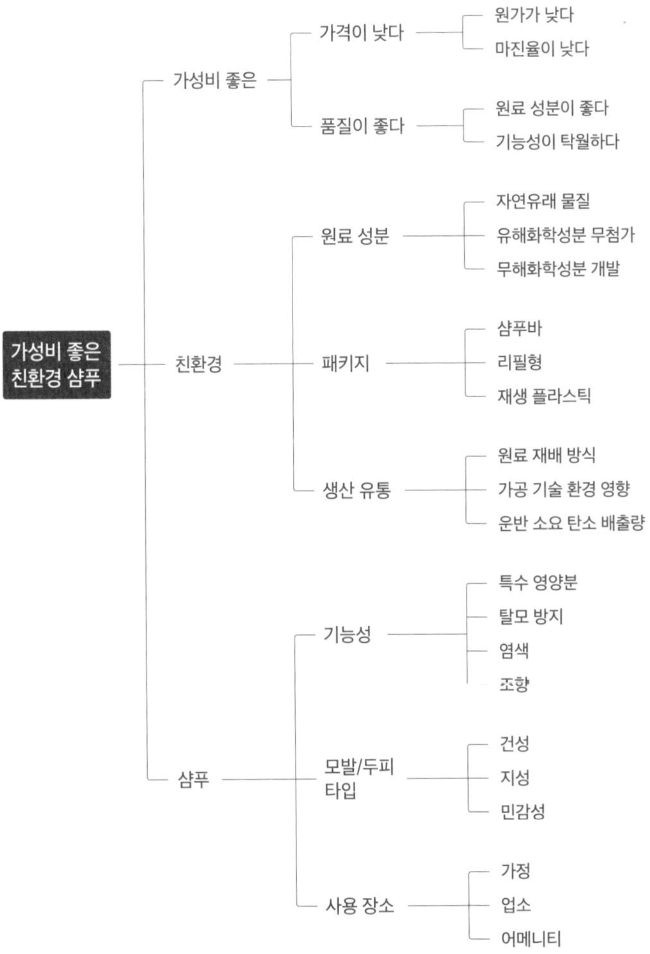


제품을 구체화하는 로직 트리의 예

하지만 무엇을 선택해야 할지 아직도 망설여지나요? 여기까지 진행하고도 아직 우리 브랜드가 어느 방향으로 가야 하는지 기준을 파악하기 어렵다면, 절대 선택하고 싶지 않은 방향성과 비교해 보는 것도 좋은 방법이에요. 무엇을 선택해야 하는지는 알기 힘들어도, 절대 하고 싶지 않은 선택은 의외로 쉽게 떠올릴 수 있어요. 장애물이 많아서 소요되는 시간과 비용이 생각보다 커지진 않을지, 극복할 수 있더라도 감수할 만한 가치가 있는지 생각해 보는 방법이죠. 하나씩 요소들을 제외시키다 보면 마지막으로 마주하는 선택지가 보입니다.

"왜 이 브랜드를 만들려고 하세요?" 브랜드를 만들려는 여정에는 늘 이 질문을 마주하게 되죠. 제가 가장 많이 던지는 질문이면서 많은 사람이 즉각 대답하기 어려워하는 질문이기도 해요. 그래서 어떻게 하면 이 질문을 좀 더 편하고, 와닿고, 생각하는 데 도움이 되도록 바꿀 수 있을까 변화구를 던져보기도 했지만 이 질문에 답하기 어려운 이유는 질문이 어려워서가 아니라는 걸 깨닫게 되었어요.

브랜드의 정체성을 규명하는 작업은 최대한 구체적이고 명확하게, 손에 잡히고 눈에 보이는 것부터 접근해야 해요. 어떤 활동이 하고 싶은지, 결과물로 무엇을 손에 쥐는 것이 좋은지 말이에요. 그리고 이러한 선택들의 기반에는 성취감이나 효용감과 같은 감정들이 자리하고 있을 것이 분명해요. 이 일을 통해서 내가 얻고자 하는 성취감과 효용감이 어느 부분에서 발생하는지를 발견하는 거죠. 그리고 그것을 얻어내기 위해 손에 잡히는 제품과 몸을 움직여 만나야 하는 고객의 형태로 묘사하다 보면 자연스럽게 아하 모먼트Aha moments를 만나게 되어 있어요. 그리고 비로소 브랜드의 정체성에 대한 이야기를 시작할 수 있답니다.

## 브랜드의 4가지 유형

브랜드가 얻고자 하는 성취감과 효용감은 브랜드를 만드는 사람들의 욕망과 직접 연결되어 있습니다. 이 욕망은 브랜드가 성공하는 비결을 알려 주는 원석이에요. 스스로 무엇을 원하는지 솔직하게 파악해야 자신이 생각하는 성공의 모양을 만들 수 있죠. 브랜드 성향을 결정하는 내부 요인인 브랜드의 욕망은 외부 요인마저 모두 바꿀 수 있을 정도로 큰 영향력을 가지고 있어요.

브랜드의 욕망을 직시하기 위해서는 무엇을 가장 '우선으로' 원하는지 살펴보는 것이 필요해요. 사실 우리 브랜드가 정확하게 딱 한 가지 유형에만 해당되는 것은 아닌 것 같다는 의구심이 들 수 있거든요. 능력이 좋고, 몰입을 잘하며, 재능을 기반으로 인정을 받으면서 이익을 추구하는 것이 브랜드의 이상향인 것은 지당하죠. 브랜드 성장의 최종판이라고 할 수 있어요. 하지만 여기서 이야기하고 싶은 것은 '순서'고 '우선순위'예요. 맨 처음 어떤 돌을 밟는 것이 가장 좋은 길로 이어지는지 알아내는 거죠. 고민과 갈등을 최소한으로 줄이면서 자연스럽고 효율적으로 성장하기 위해서는 브랜드가 어떤 성향을 가지고 있는지 반드시 파악해야 해요.

### 브랜드의 4가지 유형 분석표

| 유형 분류 | 주요 활동 | 핵심 질문 | 보유 역량 | 도전 과제 |
|---|---|---|---|---|
| **능력추구형**<br>세상의 문제를 해결하는 '똑똑한 브랜드' | 해결 | 무엇(what)을 해결할까? | 유능, 명확, 구체적, 집념, 설득력 | 확산력 |
| **이익추구형**<br>실용과 효율의 '수완 좋은 브랜드' | 제공 | 어디에서(where) 제공할까? | 현실, 효율, 비교우위 | 차별성 |
| **인정추구형**<br>관계를 통해 성장하는 '친근한 브랜드' | 관계 | 어떻게(how) 관계할까? | 인기, 커뮤니케이션, 동력, 확산력 | 역량 강화 |
| **몰입추구형**<br>스스로 빠져드는 '집중하는 브랜드' | 몰입 | 왜(why) 몰입할까? | 새로움, 영감, 파이오니어 | 지속성 |

그래도 여전히 브랜드의 성향을 선택하는 것이 고민이 된다면 브랜드가 스스로를 평가하는 관점과 외부인이 브랜드를 평가하는 관점을 비교해 보면 좋아요. 브랜드를 만드는 사람들이 스스로 어떤 것을 성취하기를 원하는지, 어떤 브랜드에서 일하고 싶은지 먼저 적어 보는 거예요. 그 다음 고객이 우리 브랜드를 어떤 이미지로 생각하는지 혹은 협업 파트너들이 우리 브랜드를 어떻게 평가를 하는지 또 적어 봅니다. 이 두 가지를 양쪽에 놓고 동시에 비교해 보는 거죠. 두 종이에 적힌 내용에 차이가 크다면 이를 어떻게 좁힐 수 있을지 한번 고민해 보세요.

사업 아이템, 원하는 고객 유형, 보유 역량과 같은 요소들을 점검하면서 이것만큼은 절대 바꿀 수 없다는 항목이 발견되나요? 절대 바꿀 수 없는 것과 변화시킬 수 있는 것들을 파악하면서 차이를 좁혀 가는 것이 브랜드 성향을 명확하게 파악하는 것을 도와줍니다.

처음부터 4가지 유형에 다 해당되는 브랜드는 없냐고요? 그런 브랜드는 있었는데, 없어졌습니다. 모든 것을 다 갖고 싶다고 주장하는 브랜드는 결국 아무것도 갖지 못해요. 하나의 강한 특징이 있는 브랜드가 기억에도 남고 호기심도 불러일으키는 법이죠.

2

# 세상의 문제를 해결하는 '똑똑한 브랜드'

**능력추구형**

#똑똑한브랜드 #능력추구형 #브랜드의도
#버벌브랜딩 #고객페르소나

☑ 손이 많고 빠름
☑ 잘 보고 잘 발견함
☑ 귀가 쫑긋 집중력
= 솔루션 메이커

첫 번째로 살펴볼 브랜드 유형은 능력추구형이에요. 문제를 해결하는 똑똑한 브랜드죠. 스타트업에서 자주 발견되는 성향이기도 해요. 갈등을 일으키거나 소외를 만드는 사회적 문제, 균형과 질서를 무너뜨리는 생태계 문제를 자신만의 방식으로 해결하는 사람들이 속한 유형이죠. 마주하고 있는 문제를 해결하는 방법을 찾아내 실행하는 것은 스스로의 능력을 극대화시킬 수 있는 가장 즐거운 태스크가 되고, 동료들과 함께 성취감을 나눌 수 있는 강한 원동력을 제공해요. 문제를 해결하고 있다는 성취감을 크게 맛볼 수 있고, 문제에 공감하는 곳으로부터 투자를 받을 수도 있어요. 미디어의 관심을 받는 경우도 많아요.

문제를 해결하는 것이 목표인 똑똑한 브랜드는 유능함으로 승부를 봅니다. 목적지까지 가는 길을 계획하고 단계마다 해야 할 일을 하나씩 처리하죠. 집념을 가지고 눈앞의 일을 하나씩 척척 풀어 내는 그런 브랜드예요. 일잘러 중의 일잘러가 만든 브랜드일 가능성이 높고요.

:: 똑똑한 브랜드의 성공 비결 ::

## 명확하고 강렬한 브랜드의 의도

똑똑한 브랜드의 목표는 '문제를 해결하는 것'입니다. 다른 사람이 풀지 못한 문제를 풀었을 때 성취감과 해방감을 느끼죠. 이런 성향의 브랜드는 일 자체에 몰입하고 열중하며 성실하게 수행해 내는 재능을 가진 사람이 이끌어가는 경우가 많습니다. 유능함의 가치를 스스로 입증하는 것을 가장 잘하는 브랜드들이에요.

사실 문제를 해결한다는 데에는 끝이 존재하지 않을 수 있어요. 하나의 문제를 해결했더니 그 다음에는 더 길게, 더 깊게 또는 더 크게 다음 문제를 마주할 수도 있습니다. 어쩌면 굉장히 해결하기 힘든 근본적이고 고질적인 문제의 뿌리가 보이기 시작해 무력감을 느낄 수도 있고요. 그런데요, 이렇게 계속해서 도전해야만 하는 과제가 주어질 때 이 상황을 '막막하다'고 느끼는 사람이 있는가 하면, '아주 좋다'고 느끼는 사람도 있어요. 그렇다면 '아주 좋다'라고 느끼는 사람은 과연 어떤 사람들일까요?

주식회사 '베이띵스'의 김동낙 대표를 처음 만난 것은 그가 새로운 서비스의 런칭을 준비하고 있을 때였습니다. 당시 김동낙 대표는 휠체어를 탄 장애인이 자유롭게 외출할 수 있도록 지도 서비스를 개발하고 있었어요. 그의 이 여정은 우연히 듣게 된 어느 가족의 여행 이야기에서 시작되었다고 해요. 어떤 가족이 휠체어를 타는 아버지와 함께 여행하던 중 방문한 한 관광지가 알고보니 휠체어로는 접근할 수 없는 곳이라 가족이 곤란해하고 있었대요. 결국 아버지가 가족들을 관광지로 보내고 혼자 주차장에 남아서 기다리는 상황이 되었고요. 대표님은 이 이야기와 함께 휠체어에 탄 아버지의 뒷모습을 찍은 사진 한 장을 마주했고, 이 사진 한 장이 결국 이 일을 시작한 계기가 되었다고 해요. 그는 곧장 수많은 장애인을 직접 찾아가서 이야기를 나누고, 설문지를 만들어 의견을 수집하기 시작했습니다. 뿐만 아니라 장애인 운동 선수들과 함께 달리는 가이드 러너 활동을 하는 등 적극적인 활동도 시도해요. 수백 수천 명의 장애인을 직접 만나고 그들의 일상에서 발생하는 불편함의 데이터를 모으게 됩니다.

휠체어 여행자를 위한 여행 플랫폼 '노크노크'

기회를 만들어 그들과 함께 직접 상황을 경험해 보기도 했어요. 함께 식사를 하거나, 산책을 하거나, 여행을 떠나기도 하면서 말이죠. 이렇게 탄생한 서비스 '노크노크'는 휠체어로 여행이 가능한 곳을 모은 플랫폼입니다.

김동낙 대표가 사람들의 공감을 얻기 위해 적극적으로 활동하는 것을 보며 제가 발견한 브랜드의 강점은 '사명감'입니다. 휠체어를 사용하는 장애인들의 물리적, 심리적 고충과 소외감을 접하고 마음이 뭉클할 정도로 공감한 후로 이 일을 해야겠다는 마음을 가졌다는 그의 창업 스토리를 들으며 천직을 뜻하는 'Vocation' 또는 'Calling'이라는 단어가 떠올랐죠.

창업 스토리는 브랜드에 감성을 불어넣는다거나 고객에게 감동을 전달한다든가 하는 낭만이 목적은 아닐 거예요. 사람들은 브랜드 스토리를 들으면서 브랜드가 왜 이 일을 기어코 해내고 싶어하는지에 대한 진정성을 판가름합니다. 이 진정성은 문제를 해결하고자 하는 사업의 지속 가능성과 연결이 되죠. 김동낙 대표의 창업 스토리가 대단히 드라마틱한 것은 아니지만 창업의 의도가 누구보다 분명하고 굳건하죠. 자신이 원하는 것을 확실하게 알고 있기 때문이에요.

세상의 문제를 해결하는 것은 쉽지 않은 일입니다. 타인의 상황에 공감하는 동시에 사회의 시스템이라는 거시적 관점 또한 유지해야 하기 때문이죠. 문제를 둘러싼 복합적인 상황을 제대로 이해한 상태에서 다각적인 관점으로 차근차근 근본적인 해결책에 접근해야 해요. 뿐만 아니라 감성과 이성을 충분히 활용하되 균형을 이루어야 합니다. 문제를 해결하는 똑똑한 브랜드는 일의 시작점에서부터 자신만의 명확한 논리와 선명한 감정을 가지고 있어요. 그걸 '브랜드의 의도'라고 부릅니다.

브랜드의 의도는 총 4가지의 브랜드 성향 중 똑똑한 브랜드에서 가장 중요한 역할을 합니다. 이 의도가 브랜드의 영감과 원동력이 되고 또 설득과 확장의 원천이 되니까요. 브랜드의 강력한 의도는 사람들의 고개를 끄덕이게 하고, 브랜드의 중심으로 조금씩 사람이 모이게 만드는 힘이 되죠. 힘든 일이 있을 때 스스로 추스릴 수 있는 힘일 뿐만 아니라,

안팎의 사람들과 관계를 맺는 역할도 해요.

그렇다면 브랜드의 의도는 어떻게 만들까요? 문득 떠오르는 단어가 있을 거예요. 초심, 계기, 꿈과 같은 말들이에요. 능력추구형 브랜드를 마주했을 때 저는 이런 질문들을 던집니다. 왜 이 일이 하고 싶어졌나요? 왜 필요하다고 생각했나요? 그게 중요한 이유가 뭔가요? 어떤 그림을 그리고 싶나요? 쉽게 말해 '어쩌다', '어쩌려고' 이 길을 걷기로 마음을 먹었는지 같이 차근차근 돌아보는 거죠. 마음과 논리의 모든 역사를 추적하는 거예요.

1. 이 일을 시작하겠다고 마음먹은 순간은 무엇이었나요?

2. 그 뒤로 어떤 일들이 이어갔나요? 그리고 어떤 이야기들을 만나게 되었나요?

3. 어떤 데이터를 쌓았나요? 반복해서 나타나는 주제와 단어는 무엇인가요?

4. 어떤 감정들을 발견했나요? 반복해서 나타나는 주제와 단어는 무엇인가요?

여기서 중요한 것은 착한 마음과 좋은 말의 함정에 빠지면 안 된다는 거예요. 일 자체가 누가봐도 착하고 좋은 성격을 가지고 있을 확률이 높잖아요. 무언가를 해결하려는 일을 하기 위해서 대의를 설명하기 전에 먼저 찾아내야 할 것은 '개인적 계기'랍니다.

일론 머스크가 투자한 것으로 일약 유명해진, 어린이의 기초 교육 문제를 해결하는 교육 브랜드 '에누마'는 이수인 공동대표의 '내 아이 문제'에서 시작되었어요. 한국에서 회사를 다니던 이수인 공동대표는 미국으로 유학간 남편 이건호 대표의 일정에 맞춰 미국에서 아이를 낳은 다음 한국 회사로 복귀하려는 계획을 가지고 미국으로 갔습니다. 그러나 태어난 아기에게 장애가 있다는 사실을 알게 되었고 여러 문제가 겹치면서 한국에 돌아오지 못하게 되었죠. 그리고 미국에서 아이를 잘 키울 수 있는 방법을 고민하다가 창업을 하게 됩니다. 이수인 대표는 이 사업을 시작한 계기를 다음과 같이 회상하며 말했습니다.

저희 어머니는 공부를 잘하면 행복해진다고 말씀하시곤 했어요. 저 역시 그런 삶을 살았고, 제가 행복했던 삶이 공부를 잘한 것에 대한 보상이라는 생각도 어느 정도 있었어요. 그런데 태어난 제 아이에게 의사들이 "이 아이는 학습에 어려움이 있을 수 있습니다."라고 말했을 때 저랑 제 남편은 그런 생각을 했어요. '아, 우리는 공부 못하는 사람이 어떻게 행복해질 수 있는지 잘 모르는구나. 이 아이가 학교에서 13년이라는 인생을 앉아 있을 텐데, 그 사이에 이 아이가 어떤 시간을 보내게 될지 우리는 아무런 대비가 없구나.' 그때까지 저와 제 남편은 건강한 사람들이 더 즐겁게 살기 위해서 엄청난 돈이 쓰이는 업계에서 그냥 재미있는 일을 하고 있었어요.

그런데 학습이 어렵거나 아주 간단한 것에도 어려움을 겪는 아이들을 위한 기술은 퀄리티도 굉장히 낮다는 걸 알게 됐어요. 그래서 우리가 가진 재능과 지금까지 배운 기술을 학습이 어려운 아이들의 문제를 푸는 데 사용하자고 결심하게 됐습니다. 장애가 있는 아이들을 위한 실험적인 제품들을 몇 개 만들었고 그게 계기가 되서 '에누마'를 창업하게 됐어요.

이후로 두 명의 대표는 이 일을 사업으로 만들기 위해 투자를 받으러 다니면서 부정적인 피드백들을 듣기 시작했어요. 시장이 작다, 돈을 많이 벌 수 없다, 이런 일로 회사가 클 수 없다, 차라리 비영리 단체를 만들어라, '특수함'이나 '장애'라는 단어를 빼라 등의 이야기였죠. 그럼에도 이런 일이 성공을 해야 한다는 마음으로 기꺼이 투자해 준 작은 규모의 투자자 여럿의 도움을 받아 서비스를 런칭할 수 있었습니다.

저희가 "장애를 가진 아이들을 위한 앱을 만들어도 잘만 만들면 비장애 아이 부모들도 좋아할 겁니다."라고 말했을 때 아무도 믿지 않았는데 서비스가 출시되자마자 바로 커다란 투자들이 들어왔어요. '장애가 있는 아이들을 위한 학습'이 복지가 아닌 사업으로 확장될 수 있는 가능성에 투자를 해주신 거죠.

에누마는 인류가 마주한 문제를 해결하는 기술을 장려하는 대회, 엑스프라이즈X Prize에서 최종 우승을 거머쥐게 되는데요. 이수인 대표는 에누마가 이렇게 세상의 인정을 받기까지 시간을 '미션을 생각하는 회사의 힘'으로 쌓아왔다고 표현해요. 최종 우승자가 되면서 망할지도 모른다는 불안함이 '어? 진짜로 이 끝에 정말 멋진 일이 있을지도 몰라.'라는 생각으로 변화했고, 지금까지 이 일을 하면서 투자자들을 설득하기 위해 했던 "이 일은 정말로 세상을 변화시킬 것이다."라는 자신의 말이 실제가 되었다는 생각이 들었다고 해요.

조금 더 잘해 보려고 노력하면 모두가 할 수 있는 일이 굉장히 많다는 이수인 대표의 말은 능력추구형, 똑똑한 브랜드의 핵심을 정확히 짚고 있습니다. 그리고 그 핵심에 자리하고 있는 신념이, 브랜드가 그 처음의 의도로부터 어떻게 성장해왔는지를 잘 보여 주고 있죠.

:: 똑똑한 브랜드의 흔한 고민 ::

## “어떻게 알리죠?”

똑똑한 브랜드의 특징은 해야 할 일을 잘 설정하고, 잘 처리한다는 것입니다. 더할 나위가 없죠. 일 잘하고 투자도 받고 관계자들에게 인정받아서 확장하는 로드맵을 그려요. 하지만 이들이 어려워하는 일이 있어요. 이 일을 세상에 소문내는 일이죠. 이들의 관심사는 온통 문제를 해결하는 것입니다. 그래서 일에 집중하고 성취하고 나면 더이상 뭘 할 생각이 들지 않을 수도 있어요. 남아 있는 에너지는 또 다른 새로운 문제에 전달해야지, 이걸 다른 곳에 쓰려 하지 않죠. 그리고 일에 푹 빠져 집중하던 어느 날 문득, ‘어떻게 세상에 말을 걸지?’라는 고민을 하게 됩니다.

세상에 말을 거는 브랜딩을 버벌 브랜딩 Verbal Branding 이라고 합니다. 브랜드를 만들 때 언어로 표현하는 거의 모든 것이 버벌 브랜딩에 속하죠. 브랜드명, 슬로건뿐만 아니라 고객에게 발송하는 문자, 제품 패키지의 설명, 상세페이지 등이 다 버벌 브랜딩의 영역이에요. 전략가나 기획자가 이 일을 맡기도 하고, 마케터가 일을 맡기도 해요. 요즘은 전문 에디터, 라이터를 쉽게 만날 수 있기도 하죠.

어떤 식으로 누가 일을 하든지 중요한 것은 한 가지예요. 브랜드의 의도를 충분히 이해한 후 언어를 재료로 세상과의 연결 지점을 만들어 내는 것입니다. 의도, 언어, 연결 이 3가지를 꼭 기억해야 해요. 버벌 브랜딩의 세계에서 브랜드의 의도를 이해하는 것은 필수 조건, 얼마나 적합한 언어를 찾아서 사용하는가는 변수, 세상과의 연결은 결과이자 성과라고 할 수 있습니다. 그럼 버벌 브랜딩은 어떻게 시작하면 될까요?

### 관계의 그림을 생생하게 그려 보세요 - 고객 페르소나 활용하기

"사람들에게 어떻게 말을 걸지?"라는 질문의 첫 번째 방점은 '사람들에게'에 찍혀 있습니다. 내 브랜드가 말을 걸고자 하는 사람이 누구인지 먼저 확인해야 하기 때문이에요. 사업 계획을 세울 때 거치는 과정 중 하나가 고객의 페르소나Persona를 작성하는 것입니다. 주요 고객의 데이터를 기반으로 그들의 삶을 상상해서 가상의 인물을 만드는 거죠. 아마 똑똑한 브랜드에게 고객 페르소나를 떠올리는 것은 어렵지 않을 거예요. 그동안 고객 분석과 시장 분석을 수도 없이 해 왔을 테니까 말이에요.

하지만 분석된 고객을 바탕으로 고객 페르소나를 설정하는 것은 새로운 영역의 일이에요. 고객 페르소나의 다른 점이 있다면 확장 가능성, 연결 가능성에 좀 더 초점을 맞춘다는 것입니다. 숫자를 찾아내기보다는 이야기를 발견하는 거죠. 고객 페르소나를 작성하는 다음과 같은 요소를 살펴보면 금세 그 차이점을 알아차릴 수 있을 거예요.

### 고객 페르소나의 요소

- 성별
- 나이
- 활동 지역
- 가족 형태
- 성격
- 직업
- 취미
- 목표
- 주요 검색어
- 소비 성향
- 온라인/오프라인 소비 선호도
- 일상 속에서 개선을 원하는 부분

고객 페르소나는 다양한 데이터를 활용해 설정해요. 제품이나 서비스를 이용한 고객들의 기록이 남아 있는 온라인 아카이브를 활용하거나 영업 담당자나 매장 매니저를 통해 고객들의 정보를 확인할 수도 있죠. 고객 페르소나는 정보가 담겨 있는 이야기라는 점을 잊으면 안 됩니다. 사실을 기반으로 하는 이야기를 작성하는 것이죠.

고객 페르소나는 몇 명을 작성하면 될까요? 사실 정해진 것은 없어요. 브랜드의 고객이 될 만한 사람들이라면요. 작성한 페르소나들이 브랜드 고객 분류에 의한 대표적인 유형이라면 얼마든지 추가할 수 있습니다. 물론 고객 페르소나가 많아지면 브랜드가 대해야 할 고객의 카테고리가 복잡해질 가능성이 높아지니 조심해야 해요.

그 다음 단계는 고객 페르소나로 만든 가상의 고객과 브랜드의 접점들을 확인하는 거예요. 그 접점은 다음 질문들에 답을 하다 보면 찾을 수 있습니다.

### 고객 페르소나와 브랜드의 접점 찾기

- 이들이 가장 많이 사용하는 플랫폼은 어디일까요?
- 당신은 그 플랫폼에서 어떤 활동을 하면 될까요?
- 이들이 당신의 웹사이트에 접근하고 사용할 때 어떤 어려움이 있을까요?
- 그들이 당신의 제품이나 서비스와 만났을 때 어떤 감정을 느낄까요?
- 어떤 점에 가장 호감을 느끼고, 어떤 점에 가장 불만을 가지게 될까요?
- 이들이 감동할 만한 디테일은 무엇이 있을까요?

---

페르소나를 설정할 때 똑똑한 브랜드라면 꼭 하나 반드시 체크해 주었으면 하는 것이 있어요. 그건 바로 '내가 이 고객과 어떤 관계를 맺을 수 있을지'를 써보는 거예요. 예를 들어 볼게요. 서울에서 살고 있는 A군은 좀 더 자유로운 삶을 바라고 있어요. 스스로 해낼 수 있는 것이 점점 더 많아지기를 바라고 있죠. 동시에 좋은 사람을 더 많이 만나 다양하게 배우고 싶어해요. 하지만 A군은 입시 경쟁 사회에서 살아남아야 한다는 과제를 안고 있어요. 과외를 받을 만큼의 시간적, 물리적 여유가 없는 가정 환경이라는 페인포인트 Pain Point 도

가지고 있죠. 여기에서 우리는 이 고객과의 구체적인 관계 맺기에 돌입해요. 우리 서비스가 A군의 삶에 어떻게 밀착될 수 있는지 더 많은 상상을 해보는 거죠.

이 상상을 해내기 위해서는 페르소나를 하나 더 만들어 보았으면 해요. 바로 브랜드 페르소나Brand Persona라는 것입니다. 고객에 대한 데이터를 바탕으로 고객 페르소나를 구체적으로 묘사했듯이 브랜드를 의인화하여 생명력을 부여하는 것입니다.

브랜드 페르소나를 만드는 이유는 다양하지만 대표적으로 '고객과 어떤 관계를 맺을 수 있을지 더 잘 상상하기 위해서'예요. 서울에 거주 중인 A군의 생활에서 우리 브랜드는 친근한 친구가 될지, 위로를 건네는 상담사가 될지 아니면 옆집 이웃이나 동네 단골 가게 사장님이 될지 그 역할을 정하려면 우리 브랜드가 어떤 성격을 가지고 있는지 먼저 확인할 필요가 있어요.

브랜드 페르소나는 스위스 심리학자 카를 융이 고안한 12 원형Archetype을 기반으로 찾을 수 있어요.

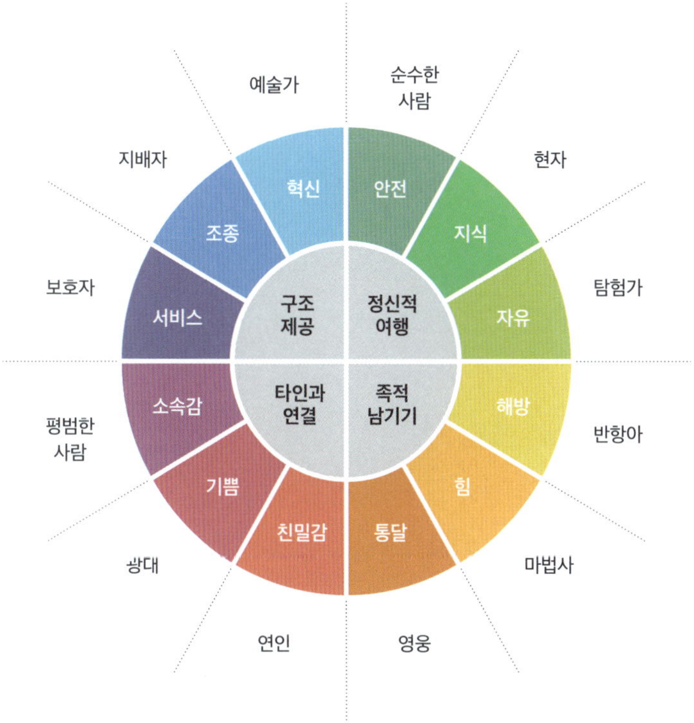
예술가
순수한
사람
지배자
현자
혁신
안전
조종
지식
보호자
탐험가
구조
제공
정신적
여행
서비스
자유
소속감
해방
타인과
연결
족적
남기기
평범한
사람
반항아
기쁨
힘
친밀감
통달
광대
마법사
연인
영웅

칼 융의 12 원형 분류

각 원형에 따라 중요하게 생각하는 활동의 유형과 주요 키워드가 있어요. 12가지 분류 이외의 유형이 생각나도 괜찮아요. 브랜드에 대해 구체적인 상상과 설정을 할 수 있다면 말이죠.

"FOR MY STORIES"라는 슬로건을 가진 '제3의 시간'은 어린이, 청소년만을 위해 운영하는 공간이에요. 창작 스튜디오와 도서관으로 구성된 공간을 사용할 수 있는 권한을 가진 사람은, 자신만의 이야기를 표현하고 싶은 어린이와 청소년이죠. 집과 학교를 벗어나 제3의 시간을 즐길 수 있도록 만들어진 브랜드예요.

이 공간은 상상한 모든 것을 만들고 싶은 안락한 작업실 느낌이 물씬 나도록 디자인되어 있어요. 하루종일 그곳에 있어도 시간 가는 줄 모르고 차분하게 글을 쓰고, 공작을 하고, 그림을 그리고, 영상을 만들고 싶어지죠.

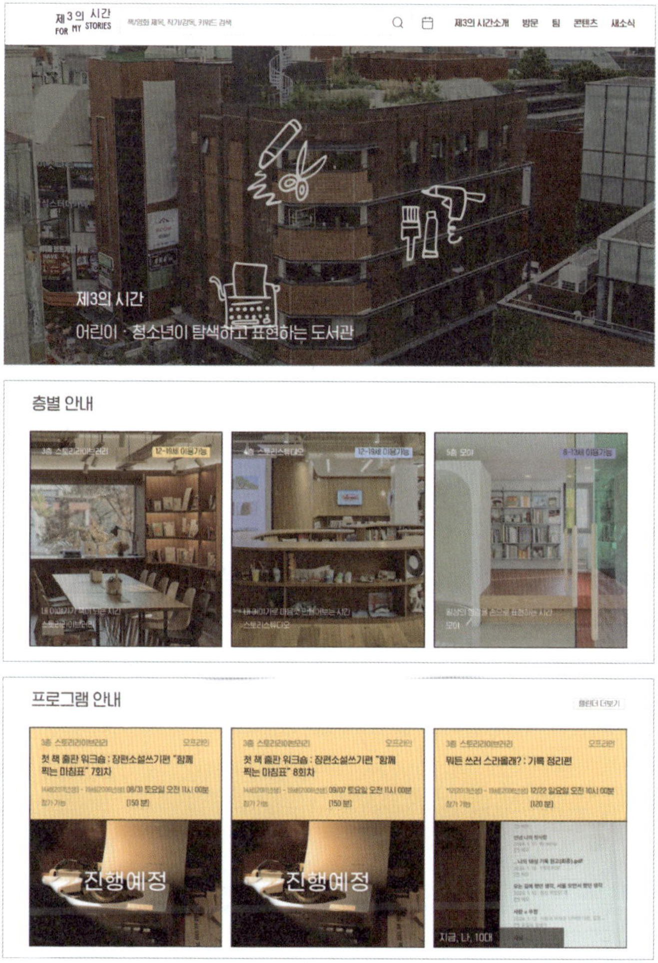


제3의 시간(출처: formystories.org)

‘제3의 시간’은 제3의 공간, 제3의 어른이라는 브랜드 페르소나로 확장돼요. ‘제3의’ 대상들을 만나고 접하면서 어린이와 청소년이 자신의 영감을 따라 활동할 수 있도록 돕는 것이 이들의 활동이랍니다. 아이들은 이곳에서 창작의 경험을 쌓아갑니다. 때때로 제3의 어른들을 만나서 그들의 세계를 나누기도 하죠. 저도 이곳에서 제3의 어른으로 워크샵을 한 경험이 있어요. 성년과 미성년이 아닌, 서로 같은 창작자로서 만나는 시간을 가지면서 동등한 입장에서 의견을 나누고, 제가 먼저 경험한 것들을 나눌 수 있는 소중한 시간을 가질 수 있는 공간이었습니다. 이 브랜드가 선정한 ‘제3의 어른’이라는 페르소나를 얻어 잠시 동안 그들의 공간에 머물렀던 기억은, 이 공간을 벗어나서도 늘 마음에 인상 깊게 남았어요.

## 브랜드의 말투와 표정, 몸짓을 만드세요

이제 드디어 “사람들에게 어떻게 말을 걸지?”의 ‘어떻게’에 돌입해 볼게요. 사실 이 ‘어떻게’의 절반 이상은 이미 페르소나를 설정하면서 결정이 되었다고 볼 수 있어요. 나와 상대의 정체성을 정의했고 우리의 관계를 어떻게 맺을지도 설정했기 때문이죠. 그렇다면 이제 이 관계를 잘 이어나갈 수 있도록 적합한 대화를 시작해야겠죠? 이를 브랜드의 보이스톤voice tone이라고 합니다.

브랜드의 보이스톤이 중요한 이유는 확산의 '방향'을 만들기 때문이에요. 물론 처음에는 하나의 상대를 설정하고 하나의 관계를 상상해서 그에 대한 하나의 태도를 만들지만, 이 설정은 앞으로 브랜드가 어떻게 커 가고 싶은지를 단적으로 보여 주는 샘플이기도 해요. 비슷한 모든 관계를 끌어당기기 위한 설정이니까요.

브랜드 보이스톤이 가장 처음 드러나는 곳은 슬로건입니다. 길 위에서 활력 가득한 표정과 몸짓으로 "저스트 두 잇Just do it"을 외치는 브랜드가 있고, 싱긋 웃으면서 초롱초롱한 눈빛으로 "띵크 디퍼런트Think different"를 건네는 브랜드가 있어요. 브랜드 슬로건은 가장 먼저 고객에게 거는 말입니다. 첫인상이죠.

슬로건 다음으로는 다양한 매체에 쓰는 말과 글이 브랜드의 보이스톤을 드러내요. 영상이라면 자막이나 로고의 디자인부터 색상, 크기, 내레이션의 목소리, 속도 등이 포함되죠. 인스타그램의 포스팅이라면 내용, 프로필 소개 그리고 해시태그까지도 모두 브랜드의 보이스톤이 될 거예요. 그밖에도 브랜드가 내보내는 모든 것, 뉴스레터나 상세페이지는 물론이고 제품 사용 설명서까지 모두 브랜드의 보이스톤을 적절히 활용해야 합니다.

브랜드의 보이스톤에 대해 가장 많이 연구하는 직무는 UX User Experience Writer 라이터예요. 고객과 만나는 접점을 설계하는 과정에서 그야말로 사람들에게 직접 말을 거는 직업이죠. 브랜드 보이스톤을 직접 만드는 일을 하는 거예요. 이들은 브랜드 보이스톤으로 A/B 테스트를 실행해 보기도 해요. 이 테스트를 통해서 브랜드가 말을 거는 방식에 따라 성과가 어떻게 달라지는지 실험하죠. 친근한 브랜드 보이스톤으로 많은 사용자를 사로잡은 비바퍼블리카의 '토스'는 8가지 라이팅 원칙을 가지고 있습니다.

### 토스의 8가지 라이팅 원칙

1. **Predictable hint** 다음 화면을 예상할 수 있는 힌트가 있는가?
2. **Weed cutting** 의미 없는 단어를 모두 제거했는가?
3. **Remove empty sentences** 의미 없는 문장을 모두 제거했는가?
4. **Focus on key message** 정말 중요한 메시지만 전달하고 있는가?
5. **Easy to speak** 이해하기 어려운 용어나 표현을 사용하지 않았는가?
6. **Suggest than force** 특정 행동을 강요하거나 공포감을 주고 있지 않은가?
7. **Universal words** 모두가 이해할 수 있고 모두에게 무해한가?
8. **Find hidden emotion** 단순히 정보를 전달하는 것을 넘어 사용자의 감정에 공감했는가?

(출처: toss.tech/article/8-writing-principles-of-toss)

전 세계 사용자를 보유하고 있는 협업 메신저 '슬랙'도 5가지 카피 원칙을 가지고 있습니다.

### 슬랙의 5가지 카피 원칙

1. **Don't make me think** 생각하게 하지 말라
2. **Make it memorable** 기억에 남도록 하라
3. **Be compelling** 설득력을 가져라
4. **Be approachable** 접근하기 쉽게 하라
5. **Respect our readers** 독자를 존중하라

(출처: slack.design/articles/thevoiceofthebrand-5principles)

이 원칙들은 토스는 토스답게, 슬랙은 슬랙답게 그들만의 브랜드다움을 유지하기 위한 원칙이죠. 똑똑한 브랜드라면 한번 만들어보면 좋을 버벌 브랜딩의 원칙들이에요. 우리가 하는 일들을 브랜드의 목소리를 통해 세상에 제대로 알릴 수 있다면, 더 많은 사람들과 함께 문제를 고민하고 해결해나갈 수 있을 테니까요. 브랜드가 관계를 맺는 활동들이 그저 인

기를 얻기 위한 것이 아닌, 일을 더 잘해나갈 수 있는 방법의 일환이라고 생각해 주세요.

:: 똑똑한 브랜드의 빅퀘스천 ::

## 문제의 근본적인 해결책 찾기

똑똑한 브랜드가 가장 잘하는 것은 '똑똑한 것'입니다. 말장난을 하자는 건 아니에요. 정말 똑똑한 상태로 있는 것이 가장 자연스러운 브랜드들이 떠오르거든요. 이들이 가장 잘하는 것, 가장 눈에 띌 수 있는 방법, 가장 즐겁게 일하는 원동력은 모두 '똑똑한 것'이에요. 주어진 주제에 몰입해서 상황을 파악하고 문제를 발견해서 가장 적합한 솔루션을 찾아내는 거죠. 그 과정에서 지속적으로 성취감을 느끼는 것이 똑똑한 브랜드가 지향하는 성공의 형태예요. 이 일을 지속적으로 하기 위해서는 '다른 새로운' 문제가 아니라 '다음 단계'의 문제가 필요해요.

업스트림Upstream이라는 개념이 있습니다. '물의 상류'라는 뜻으로, 물이 흐르는 시작 지점을 의미하죠. 상대적인 의미이기 때문에 바다의 상류는 강, 강의 상류는 폭포와 같은 식으로 표현해요. 업스트림의 반대 개념인 다운스트림Downstream과 업스트림이 함께 개념화되는 거죠. 《업스트림》(댄 히스, 웅진지식하우스)의 저자 댄 히스는 이 책에서 "업스트림으로 가서 진짜 문제를 해결하자."라고 말합니다. <업스트림>이라는 팟캐스트를 운영하는 프로듀서 델라 던컨도 "근본적인 전환을 위해 새롭게 익히자."라고 제안하죠. 업스트림은 다운스트림에서 보이는 현상들의 원인이에요. 우리가 일상에서 만나는 수많은 문제가 다운스트림이라면 이 모든 문제의 근원에는 여러 문제를 엮을 수 있는 원인들이 있을 거예요. 하지만 좀 더 난도가 높은 문제일 가능성이 높죠. 규모나 비용 측면에서도 그렇고, 많은 사람의 동의를 얻어야 하는 상황일 수도 있어요.

다운스트림의 문제를 부지런히 해결하는 것도 중요합니다. 하지만 이 문제들을 반복적으로 해결하다보면 업스트림을 만날 수 있을 거예요. 똑똑한 브랜드들이 바라봐야 할 다음 단계의 문제는 바로 이런 것들이죠. 이것을 바라보고 용기를 내는 것이 똑똑한 브랜드가 꾸준히 해나가야 할 일이고요.

### 규칙적으로 '왜'를 깊이 생각하는 시간을 가지세요

'왜'라는 질문을 잘하는 방법은 수많은 분야에서 빈번하게 다루고 있는 어젠다예요. 브랜딩, 리더십에 관심 있는 사람이라면 누구나 한 번쯤은 보았을 사이먼 시넥의 《스타트 위드 와이》(사이먼 시넥, 세계사)라는 책에서 '왜'가 기업의 중심에 있는 이유를 잘 설명하고 있죠. '레드앤틀러'의 코파운더 에밀리 헤이워드가 쓴 《미치게 만드는 브랜드》(에밀리 헤이워드, 알키)에서는 클라이언트들을 미치게 만들었던 '왜'가 반복되는 질문 사례를 다루기도 했어요.

'왜'는 근본적인 문제를 탐험하는 방법입니다. 대표적인 방법론으로 5 whys가 있어요. 5 whys는 문제를 집요하게 파고드는 방법론입니다. '왜'를 5번 물으면서 진짜 문제 혹은 문제의 뿌리를 찾아내는 도구죠. 왜 이렇게까지 진짜 문제를 찾아야 하냐고요? 표면적인 문제만 해결하는 것도 바쁘다고요? 진짜 문제는 진짜 성과를 만듭니다. 반복되는 표면적 문제를 시원하게 해결해 주는 동시에 근본적인 상황을 한 번에 정리할 수 있죠. 5 whys의 가장 대표적인 사례인 '제퍼슨 기념관 사례'를 한번 살펴볼게요.

미국 워싱턴에 있는 제퍼슨 기념관은 미국의 3대 대통령인 토머스 제퍼슨을 기리는 공간이에요. 그런데 언제부터인가 이 기념관의 외관이 점점 심각하게 훼손이 되기 시작했죠. 나날이 심각해지는 건물을 깨끗하게 하기 위한 대책을 세워야 했어요. 관장은 왜 이렇게 된 건지 이유를 알아내기 위한 조사를 시작했죠.

'왜 기념관의 외벽이 심하게 훼손되었나?'라는 질문을 가지고 시작된 첫 번째 조사의 결론은 독성이 강한 세제로 건물 외벽을 자주 닦기 때문이라는 것이었어요. 그리고 '왜 독성이 강한 세제로 건물 외벽을 자주 닦나?'라는 질문을 하게 되었죠. 알고 보니 기념관에 비둘기들이 많이 날아와 배설물을 외벽에 남기기 때문이었죠. 이후 기념관은 지금까지 관광객들에게 허용했던 비둘기 모이 주기를 금지했어요. 비둘기들이 날아드는 것을 방지하기 위한 대책이었죠.

그런데 비둘기의 숫자는 줄어들지 않았어요. 기념관 외관 훼손도 계속 진행되었죠. 해결될 것이라고 믿고 종료했던 조사가 다시 시작되었어요. '왜 기념관에 비둘기가 계속 몰려드는가?'라는 질문을 만들어서 말이죠. 알고 보니 기념관 천장에 살고 있는 거미들이 비둘기들의 표적이었어요. 기념관에서는 거미를 퇴치하려고 했지만, 생각처럼 잘되지 않았어요. 그래서 '왜 기념관에 거미가 많이 있나?'로 질문을 바꾸고 다시 해결책을 마련하기로 했어요. 비둘기에서 거미로 초점을 맞춘 거죠. 알고보니 거미 역시 풍부한 먹이를 찾아서 기념관으로 온 것이었어요. 이 곳에는 거미의 먹이인 나방이 많았던 거예요.

그럼 '왜 기념관에 나방이 많이 있나?'라는 질문으로 자연스럽게 넘어가겠죠. 나방은 밝은 곳을 찾아 날아들어요. 제퍼슨 기념관은 관람객들의 편의를 위해 대낮처럼 밝은 조명을 주변 건물들보다 2시간이나 먼저 밝히고 있었던 거죠. 기념관은 이후로 조명을 켜는 시간과 밝기를 조절하기 시작했고, 나방이 몰려드는 현상도 순식간에 줄어들었어요. 거미의 숫자도 비둘기의 숫자도 줄어들어서 결국 건물 외벽을 잘 보수하고 더 심각하게 훼손하는 것도 막을 수 있었죠.

- **1 why:** 왜 기념관의 외벽이 심하게 훼손되었나?
  - ▶ 관리자들이 독성이 강한 세제로 건물 외벽을 자주 닦아서
- **2 why:** 왜 독성이 강한 세제로 건물 외벽을 자주 닦나?
  - ▶ 비둘기가 몰려와 외벽에 배설물을 남겨서
- **3 why:** 왜 기념관에 비둘기가 계속 몰려드는가?
  - ▶ 기념관에 비둘기의 먹이인 거미가 많아서
- **4 why:** 왜 기념관에 거미가 많이 있나?
  - ▶ 기념관에 거미의 먹이인 나방이 많아서
- **5 why:** 왜 기념관에 나방이 많이 있나?
  - ▶ 주변 건물보다 기념관의 조명이 밝고, 일찍 켜져서
- **해결책:** 조명을 켜는 시간과 밝기 조절하기

이 문제를 처음 맞닥뜨렸을 때는 무작정 부식된 외벽을 어떻게 처리하면 좋을지를 논의했어요. 어떤 약품을 써야 할까

아니면 아예 새로 표면 처리를 해야 할지도 모른다 등의 의견을 나누면서 비용과 시간이 덜 들고 가장 효과가 좋은 방법을 찾으려고 했겠죠.

5 whys는 문제에서 해결로 곧바로 직진하는 '선형' 방식을 지양한다는 특징이 있어요. 문제 상황을 좀 더 섬세하게 파고드는 시간을 기꺼이 마련하는 것이죠. 오토 샤머 박사가 쓴 《본질에서 답을 찾아라》(오토 샤머, 카트린 카우퍼 저, 티핑포인트)에서 설명하는 'U자형' 사고 방식과 닮아 있죠. U자형 사고 방식은 문제에 대해 마음을 열어 놓은 상황에서 편견 없이 사실 정보를 입수하고, 그 정보와 연관된 가능성을 최대한 많이 탐색할 것, 수많은 정보와 가능성을 펼쳐 놓고 그 안에서 가장 중요한 핵심을 발견하기 위해 집중하고 성찰하는 것을 제안해요. 이는 5 whys가 의도하는 '추측이나 의견을 배제한 사실 기반의 근거를 중심으로 근본적 원인 발견'과 같은 자세와 관점을 가졌어요.

똑똑한 브랜드에게 '왜'를 시작하는 시간은 자신을 충전하는 의식이 될 수 있어요. 이 브랜드는 문제를 해결하는 데 즐거움을 느끼는 성향을 가지고 있어 성장하면 할수록 같은 문제를 같은 방법으로 반복해서 해결해달라는 요청을 끊임없이 받는 도전을 맞이할 수 있어요. 하지만 지난 몇 번의 프로세스를 통해서 좀 더 진지하게 생각해 보고 싶은, 새로운 문제(기존 문제와 깊이 연결되어 있는)를 이미 발견했을 수도 있죠. 이러한 상태가 되면 지금까지 반복적으로 처방했던 방법이 무의미하게 느껴지는 때가 올 수 있어요. 바로 이때 '왜'를 생각하는 시간을 충분히 가지면 다음 단계로 성큼 발을 디딜 거예요. 일의 초심도 정비할 수 있고 지금까지보다 오히려 훨씬 더 빠르고 확실하게 문제를 해결할 수 있는 묘수를 발휘해 볼 수 있고요.

브랜딩은 스스로를 꾸준히 강력하게 만드는 시스템을 구축하는 것과도 같아요. 그리고 똑똑한 브랜드에게는 '왜'를 규칙적으로 입 밖에 내서 겉으로 드러내는 양성화 과정이 브랜드의 영혼을 탄탄하게 만들고 꾸준한 실행력을 만들 거예요.

인터뷰

# 똑똑한 브랜드, **노크노크**

김동낙 대표

**'노크노크'**는 2022년 창업한 '베이띵스'가 개발한 장애인을 위한 서비스예요. 팀원을 모아 창업을 하고 이제 막 서비스를 만드는 시기에 만나 함께 브랜드의 방향성을 잡았죠. 노크노크의 성장을 지켜보는 것은 늘 즐거운 일이에요. 어딜 가도 상을 타고 인정받는 모습을 보고 있으면 뿌듯함을 느끼죠. 물론 이렇게 거시적이고 장기적으로 정비해야 하는 일을 사업으로 하고 있다니 무척 어깨가 무거울 것 같아요.
하지만 똑똑한 브랜드의 가장 큰 강점인 뛰어난 능력과 노크노크만이 가진 핵심 역량인 사명감이 아주 튼튼하게 자리잡고 있기 때문에 차근차근 성과가 날 거라 믿어요.

**베이띵스라는 회사를 만들고 노크노크라는 서비스를 한창 만들고 있으신데요. 새삼 이 일로 창업을 결심했던 때로 돌아가 보고 싶습니다. 언제, 어떤 계기로 이 서비스를 시작하게 되었나요?**

창업가라면 사업의 형태를 결정할 때 시장의 크기와 잠재력을 면밀하게 판단한 뒤 뛰어들겠지만, 저는 장애인이라는 대상이 먼저 마음에 들어왔죠. 장애인과 함께하는 사업을 하고 싶었어요. 그래서 먼저 주변의 장애인들과 차근차근 관계를 쌓는 일을 했어요. 무엇이 필요한지, 어떤 문제가 있는지를 파악하고 문제의 심각성과 임팩트를 고려하다 보니 그들이 겪는 다양한 문제 중 우선순위가 생겼고요. 이렇게 문제의 관계성을 정의하며 나아가다 발견한 궁극적 영역은 '장애인의 자립'이란 걸 발견했어요. 근본적인 문제의 핵심을 파악한 후 다시 이 커다란 문제를 잘게 쪼개어 나열했어요. 선행해야 할 것이 무엇인지 살피면서 각 문제 간 상관관계를 살펴보았습니다.

그렇게 해서 발견한 중요한 어젠다가 바로 장애인의 화장실 문제예요. 휠체어를 탄 사람들에게 화장실 문제가 해결되지 않았기 때문에 당연히 그들의 활동 반경이 좁아질 수밖에 없었던 거예요. 그 때문에 허락된 경험과 네트워크 자산이 지엽적일 수밖에 없고요. 결국 경험과 네트워크 자산이 부족한 상태에서는 자립으로 이어지는 기회가 주어지기 힘들다는 것을 알게 됐어요. 현재 시장 논리에서는 더더욱 그렇고요. '장애인의 화장실'이라는 단순히 환경적 차원으로 보이는 문제가 '장애인의 자립'이라는 굉장히 본질적인 문제로 이어져 있다는 사실을 마주하고 나니 그들은 계속 처음부터 배제되어 왔다는 생각이 들더라고요.
그렇게 저희 베이띵스의 노크노크 사업은 시작되었고 전국 팔도로 설문과 인터뷰를 하러 돌아다니는 과정에서 많은 장애인분이 곁을 내어 주신 덕분에 이 일에 대한 작은 확신을 가지고 더 적극적으로 진행할 수 있었어요. 지난 시간을 떠올리니 참 많은 분의 관심과 애정을 빚진 채 시작했다는 사실이 새삼 느껴지네요.

**▬ 이 일을 해야겠다고 결심했던 마음이 지금은 어떻게 성장하고 있는지 궁금해요. 서비스를 발전시키는 과정에서 최초의 문제 의식 또한 발전하고 있지 않을까 싶습니다.**
**노크노크가 좀 더 중점을 두고 승부를 내려는 전략 포인트가 생겼을까요?**

노크노크 서비스를 만들면서 가장 처음으로 잡은 전략은 '화장실 관리 시스템의 전산화'였어요. 장애인의 활동 반경 확장이라는 목적을 비즈니스 관점에서 풀어낸 최초의 콘셉트였죠. 외부의 관심과 지지는 일부 받았으나 시장이 형성될 만큼 충분한 공감대는 만들지 못했어요.
아쉽지만 안 되는 것을 붙잡고 있을 수만은 없잖아요? 그래서 저와 팀원들이 모두 납득할 만큼의 노력을 다한 뒤 그 과정에서 획득한 인사이트를 토대로 '모두를 위한 숙박 플랫폼'으로 빠르게 피보팅했어요. 서비스를 제공하는 대상만 조금 바뀌었을 뿐 '정보 접근성 개선을 통한 장애인의 활동 반경 확장'이라는 저희의 근본적인 문제 해결법은 동일한 구조로 두고 말이죠.

서비스 구현을 위해 필요한 정보를 정의하고 이 정보를 기반으로 비즈니스가 만들어진다는 관점에서 노크노크를 바라봤을 때 "대형 OTA Online Travel Agency 혹은 관계부처에서 관심을 가져야 정상적으로 작동하겠다."라는 주변의 의견이 있었는데, 저희에게 이러한 의견들이 새로운 가능성으로 다가왔고 계속 실행할 수 있는 힘을 가질 수 있었죠.

피보팅으로 새롭게 정의된 노크노크의 핵심 경쟁력은 장애인을 위한 객실을 얼마나 보유하고 있는지를 확인하는 것이 아니라 '휠체어 이용자가 필요로 하는 환경에 대한 정량적 정보'를 제공하는 것이에요. 휠체어 이용자가 현재 운영 중인 일반 객실의 이용 가능성을 가늠할 수 있도록 돕는 서비스가 노크노크의 목표예요.

**■ 노크노크의 어떤 점이 가장 인정을 받고 있나요? 반대로 어떤 점에 대해 조언을 많이 듣나요? 이 둘의 공통점이 있을지 궁금해요. 노크노크가 특별히 더 신경 쓴 부분 혹은 특별히 더 잘하는 부분은 인정을 받고 미처 신경 쓰지 못하거나 생각하지 못했던 부분에서 조언을 들을 것 같다는 상상을 하거든요.**

사업을 진행하는 과정에 있어 공통적으로 긍정적인 평가를 받았던 요소는, 엔드 유저의 필요가 반영된 서비스라는 점과 임팩트 측면에서의 가치 그리고 진정성이었던 것 같아요. 하지만 여기서 일관되게 받았던 보완 요청은 시장성과 서비스 구현까지 베이띵스의 생존과 안정성이었어요.

**그렇다면 베이띵스가 앞으로 계속 살아남기 위해서 가장 중요한 점은 무엇일까요? 지금 보유하고 있는 핵심 역량이 어떤 모습으로 커 가야 할까요?**

익스피디아의 '휠더월드Wheel the world, 무장애 여행 플랫폼' 투자 사례나 에어비앤비의 '어코머블Accomable, 무장애 여행 플랫폼'의 인수 사례와 같이 장애인 관련 사업이 성장하는 경우가 왕왕 있었습니다. 덕분에 대형 여행 플랫폼 서비스에서 휠체어 이용자가 배제되지 않는 결과가 나타나죠. 노크노크도 꾸준히 숙소 데이터의 전산화를 위한 기준을 만들고 유의미한 로우 데이터Raw-data를 쌓는다면 차별화된 데이터 경쟁력을 토대로 시장에서 독자적인 포지션을 선점할 수 있지 않을까 기대하고 있습니다.

3

# 실용과 효율의 '수완 좋은 브랜드'

## 이익추구형

#수완좋은브랜드 #이익추구형 #세일즈
#플랫폼포지셔닝 #브랜드콘텐츠

☑ 귀가 크고 잘 들음
☑ 하체 튼튼 현실 당당
☑ 균형있는 표정
= 위너

수완 좋은 브랜드는 사업성에 관해서라면 단연코 승자라고 부를 수 있는 이익추구형입니다. 이들의 제품은 가성비가 좋다고 표현할 수도 있고, 효율적이라고 표현할 수도 있을 거예요. 무엇보다 이 수완 좋은 브랜드들의 가장 강력한 무기는 현실 장악력입니다. 지금 세상에 필요한 것이 무엇인지, 무엇을 하고 어떤 성과를 낼 수 있는지 잘 파악하고 있어요. 이런 현실 분석을 바탕으로 명확한 상품을 제공해 사람들의 호응을 얻을 수 있다는 강점을 가지고 있습니다. 상황을 정확하게 포착하고 그에 대응하는 제품을 적재적소에 제공할 줄 아는 영민한 집사 같은 브랜드예요. 이 브랜드가 주는 정보라면 믿을 수 있다는 든든함이 있죠. 브랜드 자신 또한 기대에 부응하는 존재가 되기를 원하고 그런 역할을 기어코 해내며 성취감을 느끼죠.

:: 수완 좋은 브랜드의 성공 비결 ::

## 세일즈를 안다 그리고 꽤 잘한다

수완 좋은 브랜드들의 일상은 아마도 "잘하는 브랜드야." 라는 이야기를 듣는 것으로 가득할 거예요. 특히 실용성이 중요한 한국에서 이런 평가를 듣는다는 것은 브랜드로서 들을 수 있는 최고의 칭찬일 겁니다. 사업을 영위한다는 근본적인 목적에 부응하고 있다는 뜻이에요. 고객에게 받은 리뷰, 좋은 수치의 리텐션 그리고 이것들을 바탕으로 규모를 확장하는 것이 수완 좋은 브랜드의 성공 비결입니다. 이들의 고객은 감성적이지 않습니다. 냉철하게 실용성을 따지는 고객들이 모이죠. 정확하게 이유를 가지고 모여든 사람들을 대상으로 단기간에 폭발적인 성과를 만들어 내고요.

어떻게 하면 이런 브랜드가 될 수 있을까요? 이들은 하나를 물고 늘어질 줄 알아요. 그 하나란 당연히 '핵심 제품'입니다. 고객에게 내놓는 제품에 대해 누구보다 잘 알고 잘 운영할 줄 아는 능력을 가진 브랜드 유형이에요. 제품이 만들어지는 과정, 가격이 형성되는 원리와 가격 변동에 영향을 미치는 요소, 품질을 유지하는 방법, 품질이 변화하는 이유 등 제품에 관련된 운영을 꽤 잘한다는 무기가 있어요. 제품에 관해서라면 밤새 토론을 할 수 있을 정도로 아는 것도, 할 말도 많죠. 자신이 생각하는 적정한 제품에 대한 의견과 근거도 확실하고요.

이러한 재능의 배경에는 사업적인 고민이 있습니다. 세일즈 성과에 민감하게 움직이는 수완 좋은 브랜드들에게는 시장성 확보가 가장 중요하기 때문이죠.

## 플랫폼 전략, 고객과 경쟁자의 시장 안에서

수완 좋은 브랜드는 자신이 살아가야 할 '시장'에 대한 감각을 언제나 빠르게 가동하고 있습니다. 유통할 제품이 시장에서 어떤 포지션을 가지게 될지, 이 분야에서 활발하게 관심을 가지고 구매하는 고객은 누구며, 어떤 경쟁사들이 포진되어 있는지를 파악하는 일로 포지셔닝을 시작합니다. 이런 분석을 통해 우리 브랜드는 어디서 어떻게 살아가야 할지, 즉 어떤 플랫폼에서 어떤 전략으로 브랜드를 선보일지 결정하죠.

'요가니크'는 국내에 아직 생소한 싱잉볼이라는 제품을 직접 제작하고 판매하는 브랜드입니다. 요가와 명상을 즐기는 창업자가 만든 브랜드인데요. 세 번의 크라우드펀딩을 통해 총 1.5억 이상의 매출을 만들어 냈습니다.

국내에선 경쟁자도, 롤모델도 거의 없는 시장을 만들어야 하는 입장이었기 때문에 펀딩이라는 세일즈 방식을 선택했죠. 크라우드펀딩은 세상에 없던 제품을 소개하려는 브랜드에게 최적화되어 있는 플랫폼이에요.

요가니크(출처: yoganik.net/About)

최적의 플랫폼을 잘 찾아 확산된 또 다른 브랜드로는 '논픽션'이 있습니다. 이들이 선택한 플랫폼은 '카카오 선물하기'였죠. 선물하기에 좋은 디자인, 적절한 금액대라는 점에서 플랫폼과 찰떡같이 잘붙는 제품들이었기 때문이에요. 카카오 선물하기를 주로 사용하는 세대들에게 어필할 수 있는 감수성으로 브랜드 이미지가 구축되었다는 점에서 시너지 효과도 확실했고요.

특히 더현대에서 개최한 팝업은 대중에게 다시 한번 브랜드 이미지를 각인시키는 계기가 되었어요. 사람들을 줄 세울 수 있는 오프라인 공간을 임대할 수 있는 팝업이라는 플랫폼은 온라인으로 팬들을 모아온 브랜드에게 최고의 기회가 될 수 있어요.

논픽션(출처: nonfiction.com)

'타틀르'는 튀르키예 여행에서 발견한 독특한 디저트를 국내에 소개하는 브랜드를 런칭했어요. 마침 F&B 분야에서 사업 아이템을 찾던 중 평소 좋아하던 나라에서 좋아하는 맛의 디저트를 찾아냈던 거예요. 좋아하는 아이템이라면 직접 수제로 제작해서 생산하고 싶어하는 여타 브랜드들과는 달리 타틀르는 현지의 생산 방식 그대로 만든 제품에 자신만의 브랜드 스토리를 입혀 사업성을 확보하는 방식을 선택했어요. 제품이 가장 잘 팔릴 수 있는 시스템을 과감하게 구사하는 거예요. 고객들은 꾸준히 안정적으로 제품이 공급되는 브랜드라는 걸 인지하면 더욱 안심하고 구매를 결정하니까요. 타틀르는 브랜드를 런칭한 직후 펀딩과 팝업에 집중해서 판매를 진행하며 고객 데이터를 수집하고 있고, 이를 바탕으로 오프라인 공간을 준비하고 있어요.

가장 적절한 방법으로 생산하고 가장 효과적인 방법으로 유통하기 위해 플랫폼을 세팅하는 과정은 계속해서 변화해요. 계속해서 브랜드의 성장 과정을 체크해야 하기 때문이에요. 초기에 성공적으로 런칭할 수 있었던 플랫폼에서 한 발

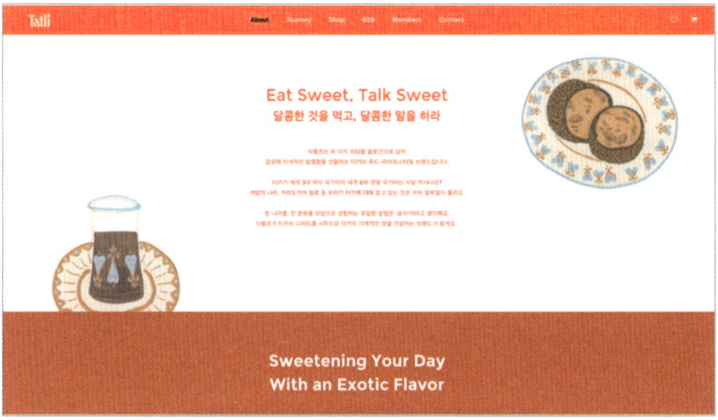

타틀르(출처: tatli.co.kr)

짝 더 나아가고 싶을 때에는 어떤 방법이 가장 효과적인지 꾸준히 실험해 봐야 하죠. 다른 플랫폼으로 전환할 때에는 확실한 가설을 가지고 접근해야 하고요. 제품이 성장해온 데이터와 변하고 있는 고객 성향도 유심히 살펴야 해요. 새로운 고객이 보여 주는 반응을 잘 수집하고 섬세하게 성찰하는 것도 잊어선 안 됩니다.

감각적이고 독특한 디자인으로 성수동에서 팝업을 성공시킨 브랜드에게도 다양한 선택지가 있을 수 있어요. 분위기를 그대로 밀고 나가 고가 편집샵에 입점하는 전략이 있는가 하면, 새로운 느낌으로 반전 매력을 만들어 편의점이나 마트에 입점하는 것도 전략일 수 있어요. 우리 브랜드만의 팬층을 독자적으로 구축할 수 있다면 자사몰과 매장 확장으로 승부해 볼 수도 있을 거예요. 브랜드가 성장하면서 적합한 플랫폼의 형태도 성장해 나간답니다.

:: 수완 좋은 브랜드의 흔한 고민 ::

## “진짜 잘하고 있는 걸까?”

우수함이 브랜드의 필수 조건이라고 생각하는 수완 좋은 브랜드들이 고객에게 어필하는 유일한 방법은 우수함 그 자체를 드러내는 것입니다. 하지만 이들은 어느 순간 스스로에게 이런 질문을 하게 됩니다. “더 멋지게 커 가고 싶은데 이제 어떻게 해야 하지? 지금까지 제대로 해온 걸까? 우리 지금 제대로 하고 있는 거 맞나?” 수완 좋은 브랜드는 자신들의 제품을 누구에게도 지지 않는 것들로 만들기 위해 힘써 왔기 때문에 시장이나 고객에 대한 관심과 분석 또한 우수한 수준이죠. 지지 않는 법에는 재능이 뛰어나요. 하지만 그렇기 때문에 시장에서 앞서가는 브랜드가 되었을 때 계속해서 해나갈 일을 알고 있는 것이 필요합니다. 이제부터는 어느 누구와도 비교나 경쟁하지 않고 스스로 나아갈 수 있는 그런 일들 말이에요.

### 브랜드 콘텐츠에 조금은 속마음을 털어놔 봐요

수완 좋은 브랜드는 사업의 기본이 되는 세일즈를 잘합니다. 어떻게 해야 이 사업의 숫자가 계속 발전할 수 있는지 알아채는 능력이 있어요. 때문에 브랜딩이라는 말을 들으면 자칫 뭔가 특별한 것을 해야 한다는 오해를 할 수 있죠. 브랜딩을 허세라고 생각하기도 해요. 하지만 오히려 그 반대로 생각해 보면 어떨까요? 브랜딩은 브랜드가 가장 솔직해지기 위한 방법을 실행하는 것이니까요.

자기소개를 한다고 생각해 볼게요. 경쟁이 치열할수록 자기소개는 중요합니다. 단골이라 믿었던 고객들이 새로운 브랜드에 마음을 주지 못하도록 그들의 마음을 붙잡아 놓는 자기 소개가 필요해요. 지금껏 노력해서 일군 시장을 수많은 후발 주자들과 나눠야 하는 시기가 올 때 나만의 포지션을 명확하게 해주는 자기소개도 필요하죠. 시장 자체는 커지더라도 브랜드가 점유할 수 있는 규모가 더이상 크지 않을 때 할 수 있는 것은 '왜'가 담긴 브랜드의 솔직한 자기소개입니다.

브랜드의 강점을 끊임없이 발휘하기 위해서는 끊임없이 새로운 고객들을 만나야 해요. 아직 이 시장을 모르는 사람들을 끌어오는 능력을 갖춰야 하는 거죠. 특히 재구매율이 높은 수완 좋은 브랜드에게 있어 모든 프로모션의 목적은 신규 고객을 끌어들이는 것입니다. 그래서 신규 고객에게 브랜드의 강점을 전달할 수 있는 자기소개가 중요해요. 계속해서 나의 멋짐을 드러내는 것, 최고의 자기소개를 반복하는 것이 이들에게 중요한 브랜딩입니다. 그렇다면 브랜드의 솔직하고 멋진 이야기를 담는 브랜드 콘텐츠는 어떻게 만들 수 있을까요?

10년이 넘는 시간 동안 합정동에서 조용하고 담담하게 자리를 지켜온 '파스텔커피웍스'는 커피 자체에 집중하는 것을 늘 중요하게 여기고 있어요. 좋은 커피를 고객에게 전하는 것이 이들의 주요한 일이기 때문에 커피에 집중할 수 있는 콘텐츠를 생산하려고 합니다.

파스텔커피웍스(출처: pastelcoffee.com)

"기억에 남는 커피"라는 카피를 내세우는 파스텔커피웍스는 커피를 내려서 마시는 시간을 명상과 같다고 합니다. 그렇기 때문에 사람들이 직접 커피를 내리면서 그 행위에 온전히 집중하고, 향과 맛을 느끼는 시간을 통해 차분하게 숨을 쉴 수 있는 틈을 찾기를 바라죠. 파스텔커피웍스의 대표가 커피를 즐기는 방식이기도 해요. 파스텔커피웍스가 온라인 상점에 준비해놓은 '파스텔 스타터키트'는 브랜드 대표가 커피와 함께 살아와서 좋았던 커피 루틴을 그대로 추천하는 상품이에요. "우리가 나누고 싶은 것은 커피를 즐기는 습관입니다. 원두에 물을 붓고 커피를 내리는 동안 오감이 깨어나고 하루가 근사해지는 매일의 커피 루틴을 시작해 보세요."라고 말을 거는 종이가 담긴 세트 상품이죠.

많은 사람이 카페를 '공간'으로만 인식하고 있지만, 파스텔커피웍스는 공간보다 '맛'에 집중하고 있습니다. 언뜻 공간을 위해 카페를 찾는 고객을 놓칠 것만 같지만, 이들의 일관된 콘텐츠에 끌리는 단골 손님이 분명 있습니다. 브랜드가 거는 말을 듣고 대화를 나누는 주요 고객들이죠.

수완 좋은 브랜드는 브랜드의 '무엇을'과 '어떻게'가 탄탄하다는 강점을 가지고 있어요. 그렇기 때문에 노출을 위한 광고는 기가 막히게 해내죠. 부지런히 체크하고, 똘똘하게 세팅하면 되거든요. 이렇게 홍보를 실행할 때 브랜드의 '왜'가 더해진다면 그 누구보다도 막강한 브랜드로 성장할 수 있을 거예요. '왜'에는 차근차근 쌓아온 시간과 차분하게 세상을 바라보는 브랜드의 시선이 담겨 있으니까요. 영민함과 따뜻함을 모두 갖추는 거예요.

:: 수완 좋은 브랜드의 빅퀘스천 ::

## 가장 만족스러운 현실 세팅하기

수완 좋은 브랜드의 강점은 고객에게 최적의 제품을 제공하는 것이에요. 가장 합리적인 소비를 했다는 뿌듯한 기분을 제품에 담아 전달하는 역할을 하죠. 단순히 가성비를 추구하는 것이 이들의 목표는 아니에요. 가격 경쟁으로 스스로를 깎는 사태를 방지하고, 브랜드가 가진 탁월한 능력을 계속 살려 나가기 위해서 브랜딩을 하니까요.

그렇다면 수완 좋은 브랜드의 고민은 무엇일까요? 사실 이들의 고민은 이들의 강점과 직접적으로 연결되어 있어요. 최대 강점인 '현실장악력'에서의 '현실'에 대해 좀 더 생각해 볼 필요가 있죠. 이 브랜드들이 장악하고자 하는 현실의 범위와 경계에 대해서 말이에요. 수완 좋은 브랜드가 한 단계 더 나아갈 수 있는 첫 걸음은 '더 만족스러운 현실'을 재설정하는 것이에요. 더 만족스러운 규모의 지역, 더 만족스러운 유형의 고객을 새롭게 설정할 필요가 있죠. 이를 위해 선행해야 할 숙제는 '최적의 실용성'을 고민하는 것입니다. 더 큰 규모, 더 많은 사람에게 공감을 끌어내기 위해서는 어느 지점에서 바라보더라도 판매하는 제품, 서비스가 고객들과 '최적'의 합의를 할 수 있어야 하니까요. 더 많고 다양한 고객이 생각하는 실용성은 구체적으로 어떤 기능을 갖추고 있으며 어떤 감수성을 요구하는 걸까요?

## 자주 만나는 고객의 피드백을 들어볼까요?

많은 사업체가 브랜드가 되기 위해 도약을 시도하고 있어요. 좋은 물건들을 괜찮은 가격대로 가져다 팔면서 라인업을 늘려가는 데 집중했던 도매 사업가들이 이제는 “내 브랜드를 만들 겁니다.”라며 브랜딩을 시작하고 있죠. 사업으로 시작해서 브랜드가 된다는 것은 어떤 의미일까요? 무엇을 사업이라고 부르고 무엇을 브랜드라고 부르는 걸까요?

앞서 브랜딩은 ‘전하고 싶은 메시지가 있는 일’이라고 언급했어요. 전하려는 메시지가 있다는 것은 고객과 더 밀접한 관계를 맺고 싶은 욕망과 이유가 있다는 것을 의미합니다. 즉, 브랜드는 고객의 이야기를 사업으로 끌어들이는 거예요. 그렇기 때문에 다양한 고객들이 이 브랜드에 이런저런 말을 걸면서 적극적으로 개입하는 데 마음이 열려 있어야 하죠.

반면 사업은 좀 더 일방적이고 소극적이어도 크게 상관이 없어요. 물론 많은 사업이 인스타그램이나 유튜브를 통해 고객과 소통하고, 이벤트나 프로모션을 계기로 많은 사람을 만나고 있죠. 이 정도면 적극적으로 만나고 있는 것처럼 보이지만, 고객에게 콘텐츠를 일방향으로 제공하는 것이지 고객의 이야기를 사업에 끌어들이는 양방향은 아니에요. 사업이 계속해서 성장해 브랜드가 되기 위해서는 사람들의 삶을 더 섬세하게 들여다보고 그들의 삶을 보살피는 단계로 발전해야 합니다. 확보한 고객들이 진심으로 이 브랜드의 팬이 되도록 신경 쓰는 것이죠. 이것을 우리는 브랜드가 세상을 만나는 열린 자세, 브랜드로 성장하기 위한 적극성이라고 부릅니다.

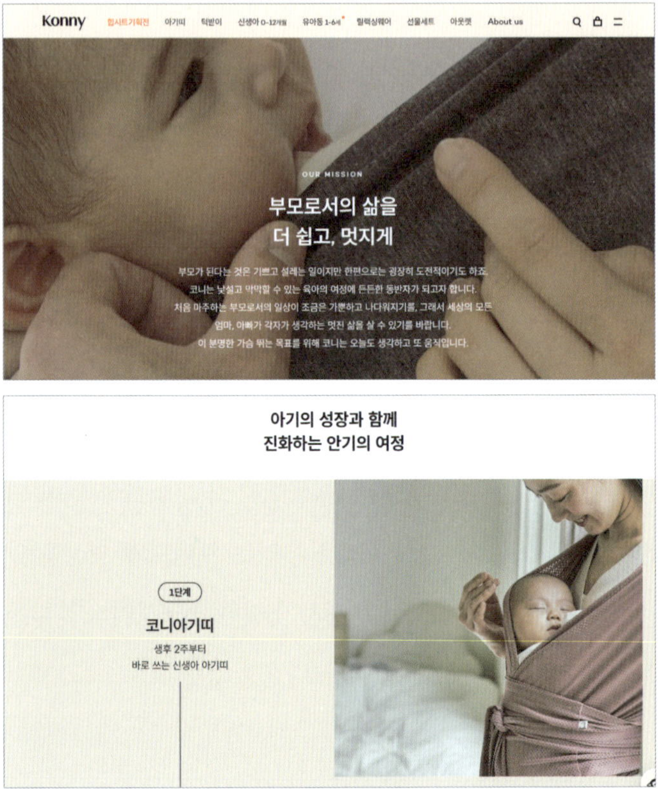


코니(출처: konny.co.kr)

그럼 고객을 어떻게 팬으로 만드냐고요? 힌트는 사업과 브랜드의 차이에서 이미 얻었습니다. 바로 양방향 소통을 통해서 이루어지는 거죠. 다른 방법은 없어요. 제품의 우수함을 발신하고 좋은 리뷰만을 수집하던 맹렬한 시기는 과거로 미뤄 둡시다. 우리는 이제 상품을 열심히 파는 사업의 단계를 넘어서 라이프스타일을 챙기는 브랜드로 전환할 거예요.

예쁜 아기띠로 유명한 '코니'는 2024년 4월 기준 연매출 300억 원을 넘은 7년 연속 흑자 기업이에요. 해외에서 판매 비중이 더 높은 글로벌 브랜드이기도 하죠. 코니는 아이를 키우면서 목디스크에 시달린 엄마가 탄생시킨 아기띠가 주요 상품으로, "부모로서의 삶을 쉽고 멋지게!"라는 목표를 실현시키고 있어요. 몸에 무리를 주지 않는 초소형, 초경량 패브릭 아기띠를 만들었죠. 부모로서 경험이 사업을 만들어 주었고, 자신이 경험한 페인포인트가 그대로 고객 페르소나가 되어 좋은 제품을 잘 만드는 브랜드가 된 거예요.

코니는 2021년부터 직접 제품을 기획하고 개발하면서 어패럴 분야로 사업을 확장하면서 입지를 다졌습니다. 그리고 서서히 다음 단계로 나아가는 계획을 세우죠. 코니는 부모의 삶을 사는 누군가가 성장하는 과정에서 필요한 용품들을 디자인하게 되었어요. 아이에게 집중하던 브랜드가 부모까지 케어하는 브랜드로 자연스럽게 커 가는 거예요. 그러면서도 동시에 실용성을 중요하게 여기는 가족 형태를 고려해 '좋은 제품을 좋은 가격에 제공하면서 육아하는 부모들의 쇼핑 시간을 줄여 준다'는 방향성을 유지하고 있어요. 고객의 삶을 보살피는 것은 단순하게 고객을 팬으로 만드는 것을 넘어 제품, 서비스의 일관된 방향성을 제시하고 매출의 양적 목표뿐만 아니라 질적 목표를 설정해 줘요.

서비스 디자인Service Design이라는 분야가 있어요. 사용자 경험을 극대화시키고 가장 좋은 성과를 낼 수 있는 방법론을 가지고 있는 분야죠. 일대일로 깊이 있는 대화를 나누는 IDIIn Deapth Interview, 주요 고객군을 대상으로 심층적인 토론이 이루어지는 FGIFocus Group Interview, 프로토타이핑을 통해 제품이나 서비스를 테스트하는 사용성 테스트는 이미 보편적인 방법으로 활용되고 있어요. 이에 더해서 고객을 가장 잘 이해하는 브랜드가 되기를 원한다면 직접 사용자의 경험 동선을 따라가면서 다양한 정보를 수집하는 현장 조사와 기록 조사를 시도해 보는 것도 좋습니다. 이 방법들을 적절하게 섞어서 사용하는 하이브리드 방법론도 참고할 만하고요. 그렇게 완성된 고객 여정 지도Customer journey map가 브랜드의 성장을 힘껏 도와줄 거예요.

인터뷰

# 수완 좋은 브랜드, **타틀르**

Tatli

**김주희** 대표

**'타틀르'**는 튀르키예의 전통 디저트 로쿰 Lokum 을 팔아요. 2024년 봄에 런칭해서 빠르게 성장 중인 브랜드죠. 타틀르를 만난 것은 창업가 양성 프로그램에서였어요. 열정과 재능으로 반짝이는 김주희 대표를 보면서 '잘되는 브랜드를 위해 철저하게 준비하고 노력한다는 게 이런 거지.'라는 생각을 했죠. 타틀르는 브랜드 디자인과 스토리가 탄탄하고 고객과의 커뮤니케이션도 잘하고 있어서 언뜻 보기에는 '집중하는 브랜드'나 '친근한 브랜드'처럼 보이지만 본질은 전략이 탄탄하게 자리잡은 '수완 좋은 브랜드'였어요. 이 사실을 눈치챌 수 있었던 건 사업을 준비하는 과정을 지켜본 덕분이죠. 시장을 분석하고 고객을 파악해 그에 딱 맞는 방식으로 제품을 제공하는 능력이 누구보다 탁월한 브랜드랍니다.

**━ 타틀르 브랜드의 승승장구를 늘 응원하고 있습니다. 런칭, 펀딩, 팝업 단계까지 차근차근 성공적으로 나아가고 있어요. 어떻게 이 단계를 밟아 나가고 있으신가요?**

브랜드를 런칭하기 전까지 스타트업에서 홍보 일을 하며 많은 창업자를 만날 기회가 있었고 그분들께 배운 것들을 기억하며 일하고 있어요. 처음부터 성공하는 경우는 거의 없다는 것, 아이템이 좋으면 기회는 언젠가 온다는 것, 그 기회가 올 때까지 포기하지 않고 유지해야 한다는 것들을요.

끌리는 아이템을 찾는 데 시간이 많이 걸렸어요. 그러다 튀르키예에서 로쿰을 만난 거죠. 아, 이 정도로 마음에 드는 아이템을 만나는 것도 정말 어려운 일이라는 걸 알았기 때문에 일단 해보자고 생각했고요. 아주 천천히 성장하다 언젠가 로쿰이 급부상할 때 타틀르가 제일 먼저 발견되면 된다고 생각하면서 계획했던 것들을 하나씩 차근차근 해나가고 있어요. 시장 반응에 따라 유연한 조정도 필요하겠지만, 저희는 콘셉트와 아이템이 특수하기 때문에 당분간 계획한 방향성을 고수하려고 해요.

감사한 것은 제 예상보다 더 좋고, 더 빠르게 반응이 나타나고 있어요. 일면식도 없는 분이 타틀르의 로쿰을 주문하고, 리뷰에 인생 디저트를 찾았다고 극찬을 남겨 주실 때에는 어벙벙했죠.
F&B 산업 중에서도 특히 디저트가 유행을 많이 타다 보니 다양한 채널에서 매번 새로운 아이템을 찾는다는 사실도 활용해서 미리 준비했어요. 덕분에 지금까지 소비된 적 없는 새롭고 독특한 디저트인 튀르키예 로쿰이 여러 채널에서 제안도 받게 되었죠.
타틀르는 런칭하기 전부터 인스타그램을 열고 튀르키예 여행 사진, 로쿰 촬영 사진을 여러 장 올려 두었는데, 팝업 제안은 그때 받았어요. 판매를 개시하기 전이었지만 이미 브랜드와 패키지가 준비되어 있어서 입점도 수월하게 진행됐죠. 판매를 시작한 지금은 온라인에 좋은 리뷰도 쌓이기 시작하고, 입점 사례도 쌓이면서 점점 새로운 기회가 열리고 있어요.
이렇게 좋은 기회들을 만나기 위해서 사실 시식회도 여러 번 하고, 백화점에 어울리는 수준으로 세트 구성과 패키지 제작에도 신경을 썼어요. 꾸준히 그리고 열심히 계획한 것들이 빛을 발한 뿌듯한 순간이죠. 그럼에도 불구하고 제가 계획하지 못했던 흐름을 타게 된 것도 있고요. 두바이 초콜릿이 미친듯이 유행하면서 사람들이 로쿰을 유사한 종류로 인식해 주셨고, 그렇게 흥미를 갖게 되는 것 등을 보면 정말 모든 건 예상 밖인 것 같아요!

**— 무언가가 좋아서 사업을 시작하는 사람들은 보통 그 아이템을 직접 만들고 싶다고 생각하기 마련인데, 대표님은 이 아이템을 '수입'하고 브랜딩을 해서 '유통 판매'하는 선택을 했죠. 이런 판단이 대표님의 어떤 성향에서 비롯된 걸까요?**

아주 복합적인 것 같은데요. 저는 자기 객관화를 아주 강하게 해요. 요즘 말로는 메타인지라고 하죠. 제가 잘할 수 있는(차별화할 수 있는) 것과 잘 할 수 없는(협업해야 하는) 것, 좋아하는(오래 버티게 해줄) 것과 싫어하는(금방 포기하게 할) 것을 습관적으로 분류하죠. 중간중간 강력한 경험에 영향을 받아서 제가 어느 정도 바뀌었다고 느끼면, 그때마다 또 새로 분류하고요.

일단 저는 수입을 하고 싶었어요. 밖에서 좋은 아이템을 찾아오고 싶었죠. 동시에 어릴 때부터 음식을 너무 사랑했기 때문에 음식과 관련된 일을 하고 싶었고요. 그런데 저는 경영학을 공부했고, 이전까지 회사 시스템에서 일을 해왔으니 요리를 전공한 분들과 레시피로는 경쟁할 수 없다고 생각했죠.

저는 아티스트처럼 세상에 없던 걸 창조하는 것보다는 이미 존재하는 걸 새로 발견하는 데 역량이 있다고 생각해요. 그러니 기획자의 관점으로 새로운 아이템을 찾아 매력적으로 전달해야 한다고 생각했죠. 애초부터 튀르키예를 점찍어 여행을 간 이유도 같은 맥락이에요. 미국식, 유럽식 아이템은 이미 접하기 쉬운 환경이 되었어요. 반면 튀르키예는 역사적으로나 문화적으로나 미식의 보고라고 불리지만 아직 한국에 덜 알려졌거든요. 그래서 제가 지금부터 열심히 공부하고 따라가면 승산이 있다고 봤죠.

타틀르를 만들 수 있었던 저의 두 번째 성향은 빠르게 협업하는 것이에요.

제가 못 하는 일은 금방 포기하는 사람이기 때문에 오히려 '사업이라는 것은 견뎌야 때가 온다'라는 것을 늘 유념하고 있었어요. 그렇기 때문에 마진율이 좀 낮아지더라도 제가 잘 못하는 분야에 비용을 들여서 협업 구조를 유지하고 있어요. 디자인, 광고 콘텐츠 모두 프리랜서 친구들과 협업하고 있어요. 결과물에 간섭하지 않으려고 노력하고요. 제가 못하는 전문 분야라 맡긴 건데, 제가 개입하면 결과가 나빠진다는 걸 알거든요. 대신 타틀르의 목적, 꼭 표현되어야 하는 타틀르의 메시지를 질리도록 공유하고 있죠. 그리고 저는 프리랜서 친구들의 인건비를 벌어오기 위해 최근까지 외주 용역 일을 하기도 했어요.

이런 과정을 통해서 타틀르의 사업 방향성, 브랜드 방향성을 만들고 나서도 늘 저의 주관적 판단을 객관적으로 검증하려고 노력하고 있어요. 타틀르의 시작은 모두 저의 주관적인 느낌이었죠. 많은 나라 중에 튀르키예에 유독 매력을 느낀 것도, 로쿰을 먹어 보고 자꾸 생각나서 한국에 가져가고 싶다고 생각한 것도 모두 저만의 느낌에서 시작했어요. 그렇기 때문에 거기서 바로 실행하지 않았죠. 이 제품이 수입 유통에 적합한지, 한국인 입맛에 잘 맞을지, 콘텐츠로 담았을 때 매력적인지, 이스탄불 공원에 앉아서 계속해서 질문과 답을 수첩에 적었어요. 국내 디저트 시장은 어떤지, 선물 관련 시장은 어떤지, 로쿰 세트를 선물에 가장 적합한 2만원대로 구성할 수 있을지, 패키지는 어떻게 매력적으로 기획할지 말이에요. 모든 걸 그곳에서 정리하고 나서 제조사를 찾아다녔고, 연락망을 만들어 놓고 한국에 돌아왔어요. 그때 계획한 걸 지금 하나씩 헤니기고 있는 것이고요. 물론 이미 로쿰 아이템에 꽂힌 뒤라 결과론적인 이야기일 수 있지만 의미는 분명히 있다고 봐요. 그동안의 경험이 지금의 저를 만들고 모든 결정을 도와준 것 같아요. 약 7년 정도 회사 생활을 하고 많이 다듬어진 상태에서 사업을 한 게 참 다행이라는 생각이 들어요. 게다가 지금 협업하는 분들은 모두 같이 일을 했던 동료들이라 믿고 바로 합을 맞출 수 있었어요.

도움이 필요한 분야에 '아 그 사람이 있었지!'하고 떠오를 때마다 할 수 있는 자신감이 생겼어요. 그래서 저는 유행에 따라 노베이스 창업에 도전하는 걸 조금은 우려하는 편이기도 해요.

**판매 확장에 대한 목표가 있는지 궁금해요. 브랜드가 어느 정도로 성장한다면 대표님이 지향하는 '라이프스타일'을 전하는 브랜드로서 손색이 없다고 생각하나요?**

판매 관점에서는 제품 종류를 늘리고, 거래처도 다각화하려고 해요. 지금은 품목이 하나고 거래처도 한 군데다 보니 주도권이 약하다는 느낌이 있어요. 튀르키예를 계속 왔다갔다 하면서 좋은 거래처를 많이 확보하려 하고, 디저트 외에 그로서리까지 품목을 늘릴 생각이에요. 다양한 제품을 선보여야 타틀르가 튀르키예 미식에 진심인 브랜드라는 인상을 줄 수 있을 것 같아요. 지금 용산에서 팝업을 할 기회가 있어서 그로서리를 아주 소량 선보이면서 품목별로 고객 반응을 보고 있어요. 손님이 하나씩 제품을 구매하실 때마다 '어? 저게 잘 나가네?'하고 새롭게 느끼는 점이 많아요.

콘텐츠 관점에서는 튀르키예 미식을 다양하게 소개하는 매거진 콘텐츠를 선보이려고 해요. 튀르키예가 세계 3대 미식 국가고, 세계 6대 관광 국가거든요. 튀르키예의 여행지, 맛집, 지역별 대표 음식을 함께 소개하고 싶어요. 저의 궁극적인 목표는 타틀르를 통해 '튀르키예에 이런 게 있었어? 나도 가보고 싶다. 현지에 가서 먹어 보고 싶다'라는 생각이 드는 것이에요. 그러려면 단순하게 타틀르가 들여온 상품을 판매하는 것만이 아니라 튀르키예의 매력을 큐레이션해 전달하는 역할도 해야 하죠.
브랜딩 관련해서는 오프라인 공간을 마련하려고 해요. 저희가 선보이고 싶은 튀르키예의 '맛'이 지금 줄줄이 기다리고 있어요. 그런데 식품 수입 절차가 굉장히 복잡하고 오래 걸려서 차분하게 선보일 예정이거든요. 오프라인 거점이 있느냐 없느냐에 따라서 브랜드 성장 속도에 차이가 있기 때문에 연내 오픈을 목표로 열심히 준비하고 있습니다. 아주 뾰족하고 매력적인 공간을 만들 거예요.

**▬ 브랜드를 성공시키기 위해 가장 신경 쓰는 역량은 무엇인가요? 그중 가장 자신 있는 부분과 가장 취약해서 더 노력하고 있는 부분은 무엇일까요?**

가장 신경 쓰는 건 진정성과 책임감이요. 타틀르를 기획할 때 가장 충만했던 부분이, 제가 무엇하나 억지로 꾸며낸 게 없고 모두 튀르키예에 실제로 있는 걸 발견해 온 것이거든요. 타틀르라는 이름도 튀르키예어로 '달콤하다'는 뜻이고, 타틀르의 슬로건 "달콤한 것을 먹고 달콤한 말을 하라."도 튀르키예 전통 속담이에요. 곱씹어 읽을수록 요즘의 우리에게 정말 필요한 말이라는 생각이 들어요. 그리고 또 제가 튀르키예 라이프스타일을 전한다고 하면서, 사실과 다르게 전달하거나 오해를 사면 안 되잖아요. 그래서 튀르키예에 대해 성실하게 이해하고 정직하게 전달하려고 노력하고 있어요. 취약한 건 책임감에 잡아먹히는 거예요. 어떤 때는 책임감이라는 이름에 숨어서 도전을 회피하는 건 아닌가 해요. 타틀르를 좋아해 주시는 분들 그리고 타틀르를 함께 만들어 주는 분들에게 꼭 보답하고 싶고 해를 끼치고 싶지 않아요. 그래서 최대한 책임질 수 있는 범위에서 일을 만들려고 해요. 오히려 과감하지 못하고 움츠러드는 것은 아닌가라는 고민도 하고 있어요. 지금처럼 타틀르에 관심이 하나둘 생겨날 때 또 새로운 국면을 만들어 보자고 대표로서 야수의 심장을 가지려 노력하고 있습니다.

4

# 관계를 통해 성장하는 '친근한 브랜드'

## 인정추구형

#친근한브랜드 #인정추구형 #비주얼브랜딩
#커뮤니티 #로드맵

감도 높은 더듬이 뿅
복슬복슬 만지고싶음
눈이 반짝 입도 활짝
= 감각쟁이 이웃

친근한 브랜드는 더 많은 사람과 관계를 맺고 연대를 키우며 함께 성장하고 싶은 인정추구형입니다. 지향하는 가치를 다양한 사람과 나누면서 피드백을 얻고 양방향 커뮤니케이션을 거듭하면서 같이 크는 것이 목표죠. 하지만 관계성을 기반으로 하는 브랜드를 만들 때, 이 관계라는 것이 힘인 동시에 악이 될 수 있는 양면을 가질 가능성도 꽤 크죠. 그렇기 때문에 브랜드를 함께 끌어가는 사람의 역할이 무척 중요합니다. 믿음을 나눌 수 있는 안전한 관계가 확실하게 자리잡고 있어야만 잘 성장할 수 있어요. 그 어떤 브랜드보다도 솔직하고 진실되어야 하죠.

이 브랜드가 자신의 성장에 집중하기 위해서 사용하는 방법은 만나고 싶은 고객을 떠올리는 것입니다. 명랑, 상냥, 다정이라는 단어가 찰떡같이 어울리는 그런 브랜드들입니다. 활기, 의리, 즐거움을 중요하게 여기죠.

:: 친근한 브랜드의 성공 비결 ::

## 사람들을 연결하고 관계를 통해 성장한다

인기, 조회수, 후기. 친근한 브랜드의 에너지는 주로 고객, 즉 사람과의 관계에서 솟아납니다. 괜히 친근한 브랜드라고 칭하는 게 아니에요. 이 브랜드는 눈동자, 손짓, 말에서 환대가 느껴지니까요. 그리고 많은 사람이 그 환대의 빛을 향해 걸어 들어가죠. 친근한 브랜드는 사람을 브랜드의 핵심 영역으로 끌고 오는 능력과 재능을 타고 났습니다. 고객과의 '유대감'을 만드는 순간이에요. 마치 뛰어난 리더의 모습과도 같습니다. 게다가 지금 당장 해야만 하는 일을 추진력 있게 밀고 나가 피드백을 얻는 모습에서 이들의 핵심 가치를 여과없이 느낄 수 있습니다.

## 고객을 초대하는 비주얼 브랜딩

친근한 브랜드의 가장 큰 덕목은 '긍정적인 에너지'입니다. 따라서 비전과 미션이 매력적이면서 설득력이 있고 또 스스로 실천하고 있다는 느낌을 받게 되죠. 즉, 텍스트로서 전달하는 버벌 브랜딩과 눈으로 전달하는 비주얼 브랜딩Visual Branding이 잘되어 있을 확률이 높습니다. 전달에 특화된 브랜드라고도 볼 수 있죠. 잘 전달하는 것을 시작으로 고객과 공감하고 서로를 응원하는 커뮤니티를 구성할 수 있어요. 이렇게 이야기를 잘 전달하는 매력적인 브랜딩에는 '표현하고자 하는 공기'가 있습니다.

정치나 사회와 관련된 이슈는 골치 아프고 어려운 일이며 쉽게 입밖에 내지 않는다는 불문율이 있어요. 이런 암묵적인 분위기를 깨고 나타난 정치 스타트업이 바로 '뉴웨이즈'라는 비영리 조직이에요. 뉴웨이즈는 '젊치인'이라는 용어를 만들었어요. 재치 있고 직관적인 말이죠. 젊은 정치인을 지원하고 성장시키겠다는 목표가 이 단어 하나에 모두 담겨 있습니다.

뉴웨이즈(출처: newways.kr)

뉴니버스의 캐릭터들(출처: newways.kr)

뉴웨이즈는 젊은 층을 대상으로 공격적인 홍보를 하고 있어요. 눈에 띄는 명확한 라인과 강한 색상으로 구성한 뉴웨이즈 특유의 디자인은 '뉴니버스'라는 뉴웨이즈의 세계관을 완성시킵니다. 특히 여러 색상은 당파를 초월하겠다는 일명 '초당파적 파이프라인'을 지향하는 뉴웨이즈의 방향성을 드러내고 있어요. 특정 정당이 연상되지 않도록 배색에 유의하고 있죠.

뉴니버스에는 다양한 캐릭터도 등장합니다. 캐릭터마다 배경, 소품이 어우러지면서 이미지로 스토리를 구현해 어렵고 딱딱할 것 같은 정치 이야기를 좀 더 쉽고 편하게 푸는 효과를 내요. 그러면서도 각각의 아이덴티티가 명확한 입장을 드러낼 수 있도록 신경을 쓰고요. 정당과 정치인의 관계처럼 말이에요. 뉴웨이즈는 그야말로 브랜드의 분위기를 구현하는 데에 출중한 역량을 보여 주고 있어요. 모든 디자인의 디테일을 브랜드의 디테일과 연결하는 것이 뉴웨이즈의 강점이죠.

우먼스베이스캠프의 비주얼 브랜딩 (출처: womensbasecamp.com)

'우먼스베이스캠프(이하 WBC)'는 여성들의 아웃도어 커뮤니티 브랜드예요. 숨겨진 여성의 야성을 발견하는 모험 활동에 집중합니다. 남성들이 주요 멤버였던 기존 아웃도어 환경에서 벗어나 WBC 커뮤니티를 통해 만난 여성들과 연대해 안전하고 자립적이면서 설레는 아웃도어 활동을 이어가기를 권유하죠. 이들의 키워드는 자연, 모험, 연대입니다. 이 키워드에서 자유와 영감, 연결 그리고 다정함을 모두 표현하죠.

상냥함과 야성을 함께 표현한 브랜드란 어떤 모습일까요? WBC의 메인 비주얼은 암컷 표범이에요. 힘과 우아함이 동시에 느껴지는 모습이죠. 암컷 표범은 수컷 표범보다 용감한 종이라는 설명도 덧붙이고 있어요. 이들이 추구하는 이상적인 여성의 모습과 암컷 표범을 일치시켜서 표현한 것이죠.

비주얼 브랜딩은 단순히 멋지고 세련된 이미지를 만드는 일이 아니에요. 형태와 색상에 의미가 있고, 묘사하는 상황에는 스토리가 담겨 있죠. 장식적인 요소까지도 모두 자기만의 역할을 가지도록 촘촘하게 설계해야 비로소 비주얼 브랜딩을 하고 있다고 말할 수 있어요. 뇌는 문자보다 이미지를 더 수월하게 파악합니다. 메시지를 말로만 전달하지 않고 브랜드의 모든 비주얼 요소를 통해 전달하는 능력이 점점 더 중요해지고 있어요. 친근한 브랜드들이 정말 잘해내는 영역이랍니다.

:: 친근한 브랜드의 흔한 고민 ::

## "하고 싶은 게 너무 많아"

친근한 브랜드는 활기 넘치는 사람들이 모인 마을과 같습니다. 이 마을을 상상하면 어떤 이미지가 떠오르나요? 북적북적, 와글와글 언제나 무슨 일이 늘 일어날 것 같지 않나요? 봄이면 꽃놀이가 펼쳐지고 여름 밤이면 별빛 아래 모여서 떠들고요. 가을에는 활기찬 운동회가 열리고, 겨울에는 아랫목에 모여 앉아 종일 귤과 밤을 까면서 수다를 떨 것만 같아요. 친근한 브랜드는 하고 싶은 게 정말 많습니다. 그래서 늘 활기 넘치는 일로 신나고 바쁩니다. 그런데 한편으로는 이런 상황이 고객들에게 혼란을 줄 수도 있어요. 알고 지낸 시간이 쌓일수록 시야가 선명해지면 좋겠지만 점점 더 잘 모르겠다는 느낌이 들 수도 있거든요.

### 브랜드의 20년 후를 그리는 지도, 로드맵

자, 마음을 차분히 가라앉히고 여러분이 만들고 싶은 마을의 20년 후를 상상해 볼게요. 어떤 풍경이 떠오르나요? 이 풍경이 바로 브랜드의 로드맵Roadmap입니다. 로드맵은 브랜드가 나아가는 지도이죠. 물론 목표를 향해 가는 길이 한 가지뿐은 아닐 거예요. 어떤 풍경을 보면서 갈지, 어떤 가게에 들러서 잠깐 쉴지, 누구를 중간에 태워서 함께 갈지에 따라서 브랜드가 선택하는 지도는 모두 각기 다른 모습입니다. 하고 싶은 수많은 것을 브랜드라는 길 위에 하나씩 차근차근 배치하는 브랜드 로드맵을 그리는 일은 그 자체로 복잡했던 머릿속을 정리하는 과정이 될 수 있답니다.

그럼 로드맵 그리기는 어떻게 시작해야 할까요? 처음 그리는 로드맵은 되도록 많은 구성원과 함께 시작하는 것을 추천해요. 서로 각기 다른 형태의 길을 그리게 된다는 사실을 발견하면서 우리의 브랜드가 얼마나 다양한 미래의 가능성을 가지고 있는지 알게 되니까요. 우리가 같은 생각을 하는 줄 알았는데 그게 아니었다는 사실에 충격을 받을 수도 있어요. 목적지는 같지만 경로는 구성원마다 다를 수 있죠. 이렇게 각 구성원들이 로드맵을 그리다 보면, 브랜드에 대해서 자연스럽게 의견을 나누게 됩니다.

브랜딩은 여정이에요. 브랜드 로드맵을 그리는 것은 여정에 대한 상상이고 즐거움에 대한 기대감이죠. 하지만 종종 로드맵을 데드라인이 정해진 계획이라고 생각하는 경우가 있어요. 가장 경계해야 할 점이기도 하고요. 우리는 지금 지도를 그리는 것이지, 시간표를 작성하는 것이 아니니까요. 하고 싶은 일을 다 적은 다음엔 해낼 순서를 정하고, 이 일들이 서로 연결돼서 다음으로 나아가는 풍경까지 그려 보는 거예요. 친근한 브랜드의 세계관을 구축하는 거죠. 작은 프로젝트들에 각각의 캐릭터를 만들고 플레이어라는 역할을 부여하는 거예요.

브랜드 로드맵을 그리는 과정을 구성원이 모두 참여하는 워크샵 방식으로는 구글의 브랜드 스프린트Brand Sprint를 추천해요. 브랜드 스프린트는 간단하게 말하자면 6개의 방법론을 단계별로 구성해 정해진 시간 안에 아이디어와 실행 방식을 구성하는 방법론입니다.

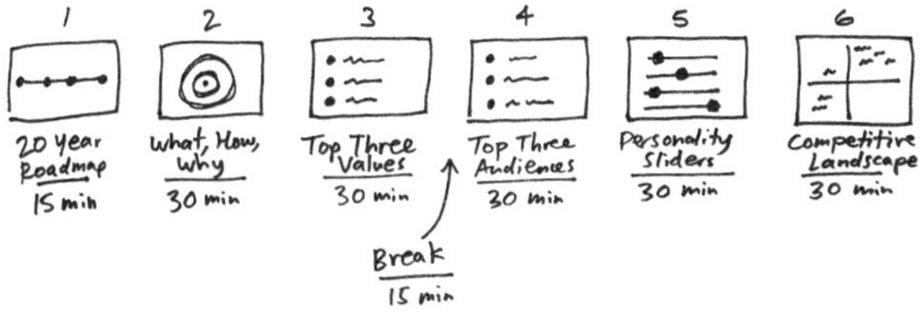


구글의 브랜드 스프린트 6단계
(출처: library.gv.com/the-three-hour-brand-sprint-3ccabf4b768a)

브랜드 스프린트에서 중요한 것은 짧은 시간 동안 집중력을 잃지 않고 깊이 있게 의견을 나누고 실행할 것들을 정한다는 거죠. 시간이 짧은 이유는 핵심만 정리해 빠르게 인사이트를 나누는 것의 장점을 살리기 위해서예요. 30분이라는 정해진 시간 동안 각 구성원이 자신만의 브랜드 로드맵을 그리고, 공유하고, 의견을 나누는 거죠. 저는 이 브랜드 스프린트를 정기적으로 실시하는 것을 추천해요. 그러면 머릿속에 제각각으로 존재하던 브랜드의 세계관이 어느 순간 하나의 그림이 되는 것을 경험할 수 있을 거예요.

### 퍼널을 활용해 구체적으로 설계하기

브랜드의 지도를 멋지게 그려 보았나요? 그럼 이 지도에서 중요한 표지판 역할을 하는 프로젝트들을 좀 더 구체적으로 설계해 보면 좋겠어요. 사실 친근한 브랜드들은 활동력이 매우 높아서 일을 순식간에 해치우는 능력이 있어요. 결과만 보면 그보다 더 좋을 수 없지만, 브랜드의 커다란 지도를 놓고 생각해 봤을 때 좀 더 시간을 들여서 계획하고, 검증하고, 분석하면 좋을 것들이 분명 있을 테니, 이번 기회에 그 시간을 마련해 보면 좋겠어요.

마케팅에 관심이 있는 사람이라면 퍼널Funnel이라는 개념에 대해서 들어본 적이 있을 거예요. 가장 보편적인 퍼널 중 하나가 AARRR 퍼널입니다. 고객이 유입되어 수익으로 연결되는 과정을 단계별로 나누고, 각 단계에서 확인 가능한 데이터를 분석하는 방법론이죠. 아주 단순하게 봤을 때는 신규 고객 유치와 재구매 고객 확보를 중심으로 영업을 진행하는 방법이라고도 볼 수 있고요. 특히 고객과의 접점이 수도 없이 많아진 지금은 각 경로마다 데이터를 확인하고 있어야 더 효율적인 접점 설계가 가능하기 때문에 퍼널 분석의 중요성이 높아지고 있답니다.

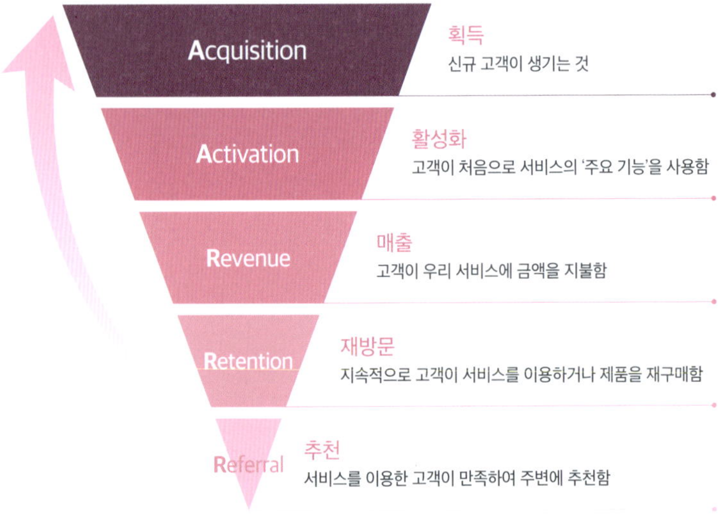

Acquisition
획득
신규 고객이 생기는 것
Activation
활성화
고객이 처음으로 서비스의 '주요 기능'을 사용함
Revenue
매출
고객이 우리 서비스에 금액을 지불함
Retention
재방문
지속적으로 고객이 서비스를 이용하거나 제품을 재구매함
Referral
추천
서비스를 이용한 고객이 만족하여 주변에 추천함

친근한 브랜드에게 이 퍼널을 분석하는 것이 더욱 중요한 이유는 고객들의 데이터를 연구하고, 앞으로 연결될 사람들을 예상할 수 있기 때문입니다. 관계 맺기가 주요한 일인 이들에게는 퍼널 분석이 브랜드를 더욱 강력하게 만드는 무기가 되는 셈입니다. 특히 친근한 브랜드는 관계를 맺는다는 행위 자체에 즐거움을 느껴 관계의 현재와 미래를 지나치게 긍정적으로 평가할 가능성이 높아 자칫 놓칠 수 있는 부분을 이와 같은 방법론으로 채울 수 있어요. 분석을 통해 더 많은 신규 고객을 유입하고 더 확실한 재구매 고객 유치를 해내는 것으로 브랜드의 활력을 지속적으로 유지할 수 있을 거예요. 브랜드가 계속 유지될 수 있도록 비즈니스 모델을 명확하게 만들어주는 퍼널의 주요 역할도 놓칠 수 없고요.

### 똑부러지는 시그니처 상품 개발하기

로드맵을 그리고 퍼널을 분석했다면 마지막으로 해야 할 일은 브랜드의 핵심 상품, 즉 시그니처 상품을 똑부러지게 만들어 내는 거예요. 관계를 통해 성장하는 다양한 가치를 바라보는 것만으로도 배가 부르지만, 가치가 성장하면 할수록 이 모든 것을 더욱 단단하게 엮는 역할을 할 존재가 필요합니다. 아주 쉽게 설명할 수 있고 손에 잡히는 시그니처 상품이 그런 역할을 하게 되죠. 무엇이 시그니처 상품이 될지는 신규 고객 유입이 가장 많이 되는 지점에서 결정할 수도 있고, 재구매 고객이 가장 편안함을 느끼는 지점에서 발견할 수도 있어요. 앞서 퍼널 분석을 통해서 사람들이 누르고 싶어하는 버튼을 파악했으니 이를 실제로 작동시켜보는 거예요. 브랜드의 시그니처 상품은 계속해서 노출되고, 끊임없이 진화하고, 사람들의 기억에 가장 강력하고 오래 남아 있게 됩니다.

뉴웨이즈의 시그니처 상품은 '젋치인'이고 WBC의 시그니처 상품은 '모험'이에요. 시그니처 상품을 구매한다는 말은 '돈을 주고 산다'는 직접적인 의미부터 '자원을 들여 원하는 가치를 얻는다'는 확장된 의미까지 발전할 수 있죠. 뉴웨이즈에 후원하는 사람들은 젋치인이라는 가치를 강화하는 데에 동의하고 기부금을 통해 이들을 지지해요. WBC에 모인 사람들은 모험이라는 키워드를 자신들의 삶에도 적용하기 위해 멤버십에 가입하고 활동에 참여하죠. 아웃도어 프로그램에 적극적으로 참여할 만한 여유가 없으면서도 모험을 즐기는 여성들의 커뮤니티에 속하고 싶은 욕망은 충분히 최종 구매 활동까지 이어질 이유가 됩니다.

:: 친근한 브랜드의 빅퀘스천 ::

## 함께 오래 성장한다는 것은 뭘까?

친근한 브랜드를 떠올리면 '지속 가능성'이라는 단어가 떠올라요. 지속 가능성은 모두에게 중요한 주제이기는 하지만, 커뮤니티를 중심으로 성장하는 친근한 브랜드에게는 더욱 민감하게 다가올 수 있죠. 관계를 통해 얻는 무형의 이익은 자부할 수 있지만, 이 일을 사업이라 말하기엔 애매하게 느낄 수 있거든요. 이들에겐 지속 가능성을 추구하는 것과 성장하는 것 사이의 관계성을 잘 찾아내야 한다는 과제가 있습니다.

친근한 브랜드가 반드시 해내야 하는 일은 바로 '성공의 자기 정의'예요. 이 일은 임팩트 측정과도 연결되죠. 성공의 가치를 숫자로 측정해 보는 시간도 반드시 필요하고요. 내가 만든 가치의 규모와 빈도를 측정해 보고, 활동 이전과 이후의 변화도 숫자로 표현해 보는 거죠. 친근한 브랜드가 만든 세계관을 정성적으로도 확인하고 정량적으로도 추적하는 습관은 브랜드의 지속 가능성을 더욱 높여줄 거예요.

### 세계관을 모으고 연결해서 지도를 만들어요

친근한 브랜드가 가장 잘하는 일은 바로 연결이에요. 연결을 만들 줄 아는 브랜드는 판의 주인이 될 가능성이 높습니다. 스스로 판을 만들거나 브랜드 자체가 판이 될 수도 있습니다. 이렇게 성장하면서 다른 판들과도 연결되어 더 큰 세계관을 구축해 나갑니다. 친근한 브랜드가 가장 성과를 잘 낼 수 있는 방법이에요. 이때 판이란, 생태계라는 말로 대체할 수 있어요.

친근한 브랜드가 초기 성장을 위한 연결점을 만들어 내는 것은 그다지 어렵지 않아요. 서로 협력해서 시너지를 낼 수 있는 컬래버레이션 제품을 기획하거나 우호적인 유통 채널들을 찾아 자연스럽게 입점하고 같은 결을 가진 브랜드끼리 모여 행사를 하는 것들이 물 흐르듯이 진행될 거예요. 중요한 것은 새로운 도전을 해야 하는 시기가 왔을 때입니다. 응원받을 수 있는 가능한 모든 활동이 한 단락 마무리되고 난 후 조금은 어색한 새로운 생태계와의 조우를 해야 한다는 과제가 다가올 때죠.

'농부시장 마르쉐'의 초기 연결은 자연에서 성실하게 일하는 모든 사람이었어요. 농부, 수공예가, 요리사들이 주축이 되어 자연을 즐기고 알리는 데 힘썼죠. 모든 셀러가 서로 얼굴을 알고 안부를 나눌 수 있던 작은 시장이었죠. 이 작은 시장은 꾸준히 성장해 10년이 넘는 시간을 맞았고 이제는 성수동의 커다란 창고와 홀을 빌려도 꽉 찰 정도의 큰 규모로 성장했습니다.

마르쉐는 이제 종종 대기업과 만나 이벤트를 합니다. 직장인의 퇴근 후를 노리는 프로그램도 만들어졌어요. 셀러들도 각양각색으로 섞이게 되었죠. 마르쉐에서 선보이고 꽤 잘나가는 브랜드로 성장한 곳들도 있습니다. 이런 변화가 서서히 일어나기까지 어느 정도의 갈등과 반발이 있었을 것입니다. 기존 분위기를 지키고 싶은 사람들, 새로운 분위기에 적응해야 했던 사람들이 이 시장을 키워온 사람들이었을 테니까요. 그렇기 때문에 대기업, 직장인, 브랜디드 셀러라는 생태계와 연결이라는 결정까지 큰 용기가 필요했을 수 있어요. 변화가 급박하게 느껴지지 않게 꾸준히 기존 활동을 이어가면서 접점을 섬세하게 설계하고, 긍정적인 피드백을 받을 수 있는 결과에 다다르기까지 오랜 시간과 꾸준함이 필요했죠.

새로운 생태계와 연결된다는 것이 기존의 연결점들을 등지는 것이 되어서는 안 됩니다. 일시적인 이유로 연결이 확장되는 것은 리스크가 커질 가능성이 높죠. 판을 넓히는 것은 건강한 응원을 받을 수 있는 영역을 키운다는 마음으로 접근해야 합니다. 조금은 어색한 상대에게도 다정하게 말을

농부시장 마르쉐

소개 프로젝트 생산자 마르쉐이야기 문의

소개

생각들

시장

프로그램

운영

함께 만드는 사람들

후원파트너

아카이브

간행물

투명회계보고

생각들

마르쉐@은 '장터, 시장'이라는 뜻의 프랑스어 마르쉐(marché)에 장소 앞에 붙는 전치사 at(@)을 더해 지은 이름으로, 어디에서든 열릴 수 있는 시장이라는 의미를 가집니다. 2012년 10월 대학로 예술가의 집에서 첫 장을 연 마르쉐@는 '돈과 물건의 교환만 이루어지는 시장' 대신 '사람, 관계, 대화가 있는 시장'이 하나쯤 있었으면 좋겠다는 바람에서 시작되었습니다. 우리가 먹고 마시고 사용하는 것들이 어디서, 어떻게 만들어지는 것인지 이 작은 시장을 통해 이야기 나누는 것으로부터 조금 더 즐거운 세상이 만들어질 수 있다고 생각합니다.

함께

저마다의 뿌리, 저마다의 씨앗, 저마다의 이야기. 우리는 다양함만이 가질 수 있는 건강한 풍요로움을 소중히 생각하며, 다양함이 저마다의 모습으로 함께할 수 있는 시장을 꿈꿉니다.

맛있는

우리는 매일, 농부의 손으로 거둔 자연의 선물을 식탁에 올립니다. 제철이 주는 제 맛을 기쁜 마음으로 먹을 수 있도록, 계절을 느끼며 장을 보고 매일 요리를 하는 맛있는 일상을 꿈꿉니다.

멋있는

즐거운

농부시장 마르쉐(출처: marcheat.net)

걸고, 자리를 지키는 사람들도 충분히 납득할 수 있도록 설득이 이뤄져야 해요. 연결을 중심으로 성장하는 친근한 브랜드는 사람들의 마음을 움직여야 한다는 숙명을 가지고 있어요. 때문에 다치는 사람 없이 건강하게 지도를 넓히는 것이 중요합니다.

인터뷰

# 친근한 브랜드,
# 우먼스베이스캠프

WOMEN'S BASECAMP

운영진 **김지영, 김하늬, 양애진, 윤명해**

**우먼스베이스캠프** Women's Basecamp, WBC는 모험을 권하는 아웃도어 커뮤니티 브랜드예요. 여성들을 중심으로 모였죠. 자연 안에서 적극적으로 움직이고 도시의 시선으로부터 자유로워지면서 내 안의 야성을 찾을 수 있는 경험을 스스로 만들어가기 위해 시작된 브랜드입니다.

WBC의 멤버십에 참여하고, 함께 운영하는 길드원으로 활동하는 기회가 생기면서 더 깊이 있게 이 커뮤니티를 이해하게 되었어요. 함께하는 사람들의 성장과 기쁨을 바라는 '친근한 브랜드'의 진면모를 느끼고 나니 이러한 브랜드를 만드는 사람들이 더 궁금해졌어요. 이들의 긍정적인 에너지의 원천은 어디일까요?

**— '우먼스베이스캠프', 일명 WBC를 운영하는 운영진들을 보면, 모두 개성 있는 삶을 살고 있어요. 자신이 좋아하는 활동을 적극적으로 하면서 살아간다는 인상이 있습니다. 스스로의 삶을 누리는 데에 특히 아웃도어 활동에 있어서 부족함이나 결핍이 별로 느껴지지 않아요. 그럼에도 불구하고 이렇게 의기투합해서 더 많은 사람과 이 활동을 함께하고 싶다고 생각한 이유가 있을까요?**

**지영** 처음에는 사실 커뮤니티를 만들 생각이나 멤버십을 할 생각이 아니었어요. "여자들끼리 모여서 백패킹을 가보자. 이거 하자고 하면 좋아할 사람들 많을 거 같은데?"라고 했던 말이 씨앗이 돼서 벌어진 일이었어요. 그런데 한 번 경험하고 나니까, 이런 경험을 하고 싶어하는 사람들이 더 많다는 걸 알게 되었죠. 그렇게 자연스럽게 더 많은 사람이 이런 경험을 할 수 있으면 좋겠다고 느꼈어요.

**명해** '사람들과 활동을 같이 하고 싶다'는 것이 이 일의 시작은 아니었어요. 내향인이기도 하고, 사람들을 모아서 리드하는 것에 대한 부담감이 있어서 커뮤니티 활동을 하는 것 자체에 오히려 이유를 찾고 싶었어요. 내가 이렇게 판을 만들려는 동기에 대해 고민이 많았죠. 확실히 저는 아웃도어 활동을 하는 친구들이 따로 있었어요.

하지만 그렇기 때문에 더 한계나 결핍이 있다는 걸 알게 되었죠. 남녀가 함께 아웃도어 활동을 하면 아무래도 여자들의 활동이 좀 더 줄어들 거든요. 비가 억수 같이 쏟아져서 텐트를 철수해야 할 때면 보통 남녀 중 남자가 빗속으로 뛰어들어요. 저도 그런 분위기에 익숙해져 있더라고요. 여자라서 배려받는 것에 점점 익숙해지는 상황을 적극적으로 깨기 위해서는 내가 움직이는 환경을 스스로 만들어야겠다는 생각을 많이 했어요.
이기심도 성숙해지면 그게 이타적인 결과를 만들 수 있다는 이야기를 들었어요. 저에게 WBC는 저를 위한 커뮤니티예요. 내가 이렇게 계속 살고 싶어서 만드는 거예요. 그런 마음이 어딘가 찝찝한 게 아니라, 성숙한 이기심으로 성장해서 더 많은 사람에게도 좋은 영향을 줄 수 있는 이타성으로 발현되길 바라고 있어요.

— **WBC는 늘 하고 싶은 것이 많아 보여요. 아이디어도 정말 많고요. 이 수많은 꿍꿍이와 상상을 현실로 발전시키기 위해 우선순위를 어떻게 결정하는지 궁금해요.**

**명해** 시답잖은 대답을 먼저 하자면 사실 저희는 그냥 꽂히는 대로 하는 것 같아요. 같이 이야기를 나누다 보면 다들 막 신나서 우르르 몰리는 아이디어가 있거든요. WBC 슬로건이 "Follow your Fear!"인데요. 삶의 어떤 지점마다 나 스스로가 고민하는 것들, 고민과 연결된 두려움 같은 것들과 맞닿은 아이디어에 뭉치게 되는 것도 있어요. WBC는 만드는 사람 개개인의 정체성과 굉장히 밀접하게 연결되어 있어요. 이것이 주요 어젠다가 되고 그것을 중심으로 끌고 가는 커뮤니티다 보니까 시장에서 뭐가 핫할까 이런 걸 우선으로 고민하지는 않아요.

**지영** WBC는 뭔가에 꽂히지 않으면 안 되는 곳이에요. 초기의 직관적인 결정들이 다행히 좋은 결과로 이어졌던 거죠. 그러면서 지금은 지속 가능성을 위한 기준점을 잡아야 한다는 생각을 하고 있고요. 그래서 좀 더 체계적으로 연간 계획도 세우고, 에너지나 리소스도 잘 배분하려고 해요. 멤버가 많아지면서 규모도 커졌기 때문에 자연스럽게 성장을 위한 과도기가 온 것 같아요.

**애진** WBC 4년 차가 되면서 지속 가능성과 비즈니스 대한 생각을 많이 하게 되었어요. 하지만 이것도 트렌드를 고려하는 것이 아니라 생애 주기의 측면에서 집중하고 있어요. 여성의 생애 주기와 아웃도어 활동의 생애 주기를 거시적으로 바라보면서 저희 프로그램들을 구체적으로 기획하고 있죠. 우선순위보다는 생애 주기를 기준으로 단계를 나누고 단계별 명확한 기준을 만드는 것이 중요하다는 생각을 하고 있는 요즘이에요.

— 하고 싶은 것이 많을 뿐만 아니라 함께하고 싶은 사람도 많은 것이 WBC의 특징인 거 같아요. 교류하는 커뮤니티도 많은 것 같고요. 앞으로 WBC가 함께 발전하고 싶은 다른 커뮤니티들이 있다면 어떤 곳들일까요? 그리고 어떤 점에서 그들과 함께 하고 싶은 걸까요? 함께 더 크고 강하게 만들고 싶은 가치가 있을까요?

**지영** 가장 먼저 떠오르는 것은 WBC에서 진행하는 리트릿 캠프 페스티벌이에요. 올 여름 페스티벌을 기획하면서 가장 힘쓴 부분이 '커뮤니티의 커뮤니티'가 되는 것이었어요. WBC에는 정말 다양한 사람들이 오거든요. 자신만의 명확한 지향성을 가진 사람들까지도 잘 담기기 때문에 포용성과 자발성이 뛰어난 커뮤니티예요. 그렇지만 개개인의 뾰족한 지향성이 커뮤니티의 대표 성향이 되지는 않죠. WBC에 비건인들이 많이 온다고 저희가 비건 커뮤니티는 아닌 것처럼요. 저희가 더 강하게 만들고 싶은 가치가 있다기보다는 포용성을 기반으로 다양한 가치들을 담는 거죠.

**애진** WBC는 모험, 야성, 연대와 같은 이야기를 계속해요. 아웃도어 활동의 종류를 이야기하는 것이 아니라, 아웃도어 활동에 녹아 있는 가치를 이야기하죠. 그 점이 특별해요. 아웃도어 활동을 해보지 않은 사람도, 아웃도어 활동을 오래 해왔던 사람도 여기는 좀 다른 무언가가 있다고 생각하고 오게 되죠.

**지영** 모험을 어떻게 정의할지, 야성을 어떻게 풀어낼지 많은 이야기를 나눈 끝에 '있는 그대로 본연의 모습'이 모험이고 야성이라는 정의를 내렸어요. 야성, 즉 wild nature에서 wild가 거칠고 러프한 것으로 흔히 생각하지만, 사실은 그냥 자연 그대로의 모습을 말하는 것처럼요. 야성은 정말 다양하다는 것, 모두에게 하나씩 있는 고유한 것이라는 걸 저희의 가치에서 담고 싶어요. 그리고 야성을 찾아내기 위해 우리에게 필요한 것은 모험이 되는 거고요. 모든 사람이 자신만의 야성을 찾게 응원하고 독려하는 것이 WBC예요. 특정한 가치를 가진 커뮤니티나 개인과 연대하는 것이 아니라, 다양한 야성을 담는 WBC로 성장하는 거죠.

**명해** 다양한 가치를 담는 포용력 있는 커뮤니티라는 점에 적극 동의해요. 그리고 이 포용력 있는 커뮤니티라는 점을 경제적인 측면에서도 조명하고 싶어요. 요즘 WBC는 자립할 수 있는 경제력에 대해 고민을 많이 하거든요. 그런 면에서 함께 발전하고 싶은 브랜드를 커뮤니티 이외의 영역에서 발견해 보려는 노력도 병행하고 있어요.
WBC의 강점은 가치와 메시지를 명확하게 가지고 있다는 것이니까 이를 중심으로 영향력을 키워갈 방법으로 연대를 생각하고 있어요. 조심스럽기는 하지만, 일단 누구나 다 아는 비즈니스 중에서 우리와 엮일 만한 곳들을 찾아내는 거예요. 아웃도어 의류라든가 SUV 차량 브랜드 같은 대형 자본 브랜드들과 엮였을 때 어떤 식으로 우리만의 색깔을 잃지 않고 나아갈 수 있을까, 그런 경험도 해봐야겠다고 생각하고 있어요. 저희가 정의한 건강한 여성성을 잘 보여 주면서, 전형적인 야성이나 전형적인 여성성을 탈피하는 콘텐츠를 기획해서 같은 분야에 있는 다른 브랜드들이랑 협업하는 시도를 전략적으로 하려고 해요.

## WBC는 어떤 그림을 그리고 있나요? 궁극적으로 실현시키고 싶은 그림이 있나요?

**지영** 할머니가 될 때까지 이런 커뮤니티가 존재했으면 좋겠다는 단순한 희망과 욕망이 있어요. 그게 우먼스베이스캠프라는 이름으로 존재할지 다른 형태가 될지는 모르겠지만, 지금 저희가 몇 년 동안 활동하면서 씨앗을 많이 뿌리고 있다는 생각은 들거든요. WBC에서 연결되어 따로 활동을 하러 떠나는 사람들도 생기고, 작은 단위로 더 긴밀하게 연결돼서 새로운 뭔가를 만들어 내기도 하는 모습들을 보면 나중에는 이 모든 것이 축적되어 우리가 지향하는 '느슨하게 연결된 안전한 관계망'이 구축될 거 같다는 생각이 들어요. 서로의 모험을 응원할 수 있는 관계망이 오랫동안 존재하는 것이 궁극적으로 실현시키고 싶은 그림이에요.

**애진** 안전한 관계망, 즉 안전망이라는 것을 강조하고 조금씩 넓히고 있어요. WBC는 나를 위한 안정감을 느끼기 위해 시작했고 이 욕망이 점점 커져서 우리가 되었어요. 그러면서 더 큰 단위의 안전망을 점점 고려하고 있고요. 여기에서 '네트워크 마을'이라는 개념도 만들어 가고 있어요. 네트워크 마을은 물리적 공간을 기반으로 하거나 특정한 지역를 중심으로 만들어지는 것이 아니라 다양한 지점에서 모이고 흩어질 수 있는 유연한 마을이에요. 온라인과 오프라인 모두 결합된 방식으로 느슨하게 계속 연결돼서 생태를 만드는 거죠. 그런 마을이 만들어지기를 정말 바라고 있어요.

**명해** 저는 사실 이 질문받았을 때 뭐라고 대답해야 할지 잘 모르겠더라고요. 그런데 지영과 애진이 말하는 걸 들으면서 '아, 정확하게 저거'라는 생각이 들었어요. 오랫동안 할머니가 돼서도 WBC가 존재하면 좋겠고 꾸려 나가고 싶다고 생각해요. 60대가 되었을 땐 어떤 고민과 두려움을 가지고 있을지 아직 아무도 모르잖아요. 먼저 살아 내고 있는 멋진 여성들을 레퍼런스 삼아서 그때까지 유지하면 좋겠다는 마음이에요. 쉽게 말해 존재하는 것 자체가 궁극적인 목표예요. 구체적인 모습은 핵심 멤버의 성향에 따라 달라지지 않을까요?

5

# 스스로 빠져드는 '집중하는 브랜드'

## 몰입추구형

#집중하는브랜드 #몰입추구형 #골든서클
#오리지널리티 #번영

- ☑ 뾰족뾰족 각이 남다름
- ☑ 어디든 갈수있는 날개
- ☑ 놀라는 자신이 좋아

= 연구하는 탐험가

재미, 흥미, 도전, 변화, 노하우, 탁월함, 예술, 순발력, 장인의 가치를 지향하는 몰입추구형 브랜드예요. 나만의 세계를 구축하고 그 안에서 신나게 이런저런 활동을 하는 것이 집중하는 브랜드의 목표죠. 나만의 세계를 만드는 것이 자연스러운 이 브랜드는 늘 자신이 원하는 주제에 집중하고 왜 이 주제가 가치 있는지 스스로 명확하게 인식하고 있어요. 그 덕분에 대중의 반응에 크게 관심이 없다는 약점이 있지만, 같은 관심사를 가진 고객이라면 끈끈하게 연결된다는 강점도 있습니다. 무언가 미스테리한 느낌이 있으면서 호기심을 불러일으키는 멋쟁이 연구자, 매력적인 탐험가 같은 브랜드 페르소나가 상상된답니다.

:: 집중하는 브랜드의 성공 비결 ::

## 집중하면 에너지가 지속된다

집중하는 브랜드는 자신의 호기심을 세상에 드러내고 증명받고 싶어하죠. 나만 재미있다고 느끼는 게 아니라는 걸 확인하고 싶어해요. 여기에 한 가지를 더 하자면 통찰력이 있는 브랜드라는 평가를 듣고 싶어해요. 하지만 다른 어떤 무엇보다도 '자기 만족'을 우선시 하기 때문에 브랜드의 성공 기준 또한 주관적으로 설정하는 경우가 많아요.

집중하는 브랜드들이 자기 만족을 넘어서서 사람들에게 관심받고 수익을 창출하기 위해서는 그들만의 '오리지널리티'가 인정을 받기 시작하면서 수요가 만들어져야 해요. 인정받으려고 시작한 일은 아니긴 하지만, 이들의 활동이 필요한 타이밍이 오는 것이 생각보다 중요해요.

집중하는 브랜드의 재능은 집중력입니다. 이들에게는 일을 하는 이유가 아주 단순해요. 그 일을 좋아하기 때문이죠. 좋아하는 이유 또한 꽤나 확고합니다. 좋아한다는 감정은 아주 개인적인 것이니까요. 구체적이고 명확하죠. 그러니 좋아하는 대상이 일이 된다는 것은 자연히 내가 무엇을 어떻게 왜 하는지에 대한 문장이 빠르고 간결하게 만들어진다는 것을 의미합니다. 이 브랜드의 이러한 재능은 자신이 좋아하는 일 이외의 것들에는 섣불리 욕심을 내지 않는다는 장점으로 연결되기도 해요. 이것저것 다 잘하고 싶지도 않고, 그런 마음이 들지도 않아 자신이 원하는 것에 오롯이 시선을 맞출 수 있는 집중력이 자연스럽게 만들어져요.

브랜딩을 이야기할 때 늘 언급되는 사이먼 시넥의 '왜'를 규명하는 골든 서클은 이들에게 아주 쉬운 이야기입니다. 이걸 만드는 방법이 왜 그렇게 유명해졌지 싶을 거예요.

골든 서클이란 3개의 겹친 원으로 구성된, 일의 근간을 찾는 이론이에요. 가장 바깥쪽 원에는 무엇(What)이 있고 그 안쪽 원에는 어떻게(How)가 있으며 가운데 원에는 그 중심인 왜(Why)가 있어요. 어떤 일을 하든 '왜'에서 시작해야 한다는 것을 뜻하죠. 골든 서클을 만들게 된 계기에 대해 사이먼 시넥은 한 인터뷰에서 이렇게 설명하고 있어요.

인생에서 열정이 사라진 때가 있었습니다. 이렇게 완벽해 보이는 인생인데 나는 그것을 싫어하게 되었어요. 성공한 삶을 연기하면서 동시에 점점 쇠약해졌죠. 이 상황을 해결할 수 있는 방법을 연구해야 했습니다.

삶을 해결하기 위한 연구를 하던 끝에 모든 조직과 개인이 같은 구조를 가지고 활동한다는 것을 발견하게 되었습니다. '무엇을 하는지, 어떻게 하는지 그리고 왜 그것을 하는지'를 통해 모든 조직과 개인이 기능하게 된다는 것을 말이죠. 저는 제가 그동안 해온 일들을 잘알고 있었어요. 그걸 아주 잘했다는 것도요. 그리고 그걸 어떻게 했는지도 알았습니다. 내가 일하는 방식의 차별점이나 특별한 점에 대해서 말할 수 있었어요. 하지만, 왜 그 일을 하는지는 말할 수 없었습니다. 이 부분이 바로 제가 잃어버린 한 조각이었고, 반드시 찾아내서 이 세 가지 조각으로 세트를 만들어야 한다는 것을 알게 되자 저는 '왜'라는 것에 집착하게 되었습니다. 그리고 결국 나만의 '왜'를 찾게 되었을 때 저는 열정을 되찾을 수 있었고 에너지 레벨이 확실하게 회복되는 것을 느꼈습니다.

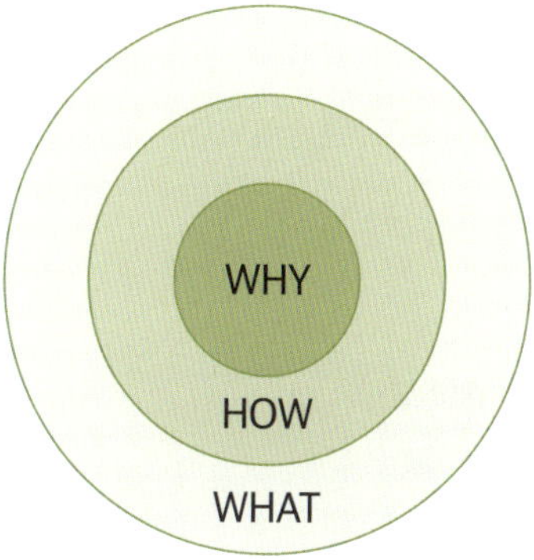


사이먼 시넥의 골든 서클 이론

골든 서클이 명확해진다는 게 무엇이길래 사이먼 시넥은 삶이 변화했다고 하는 걸까요? 어떻게 골든 서클을 만들어야 비로소 삶에 와닿는 일을 할 수 있는 걸까요?

골든 서클을 채울 때 가장 기본적인 자세는 '직면'이에요. 자신이 좋아하는 일에 몰입하는 힘이 강한 집중하는 브랜드들은 추진력 또한 무척 강하기 때문에 한순간 어긋난 방향으로 빠르게 흘러가버릴 가능성이 매우 높아요. 그렇기 때문에 집중하는 브랜드가 진정성 있는 브랜드로 성장하기 위해서는 관찰하고 연구하며 발견하는 브랜딩을 지향해야 해요.

'진짜 왜'를 찾기 위해선 자신을 있는 그대로 직면하고 스스로가 먼저 진심으로 납득할 수 있고 깊이 있게 공감할 수 있는 '왜'를 손에 쥐고 있어야 합니다.

:: 집중하는 브랜드의 흔한 고민 ::

## "이 일이 돈이 될까?"

재미있는 일을 직업으로 삼아서 나아갈 수 있다면 더할 나위 없이 좋은 상황이죠. 내가 하고 싶은 걸 더 오랫동안 자유롭게 하기 위해서 시작한 사업이니까요. 그런데 이 일이 생계를 위한 일인지 취미 생활인지 스스로 의심스러워질 때가 있어요. 집중하는 브랜드들이 수익을 매끈하게 창출하는 순간을 계획한다는 것은 꽤나 어려운 일일 수 있죠. 게다가 이들이 가지고 있는 모든 잠재력이 수익을 신경 쓰기 시작하는 순간 빛을 잃기 시작한다는 점은 꽤 공포스럽죠. 집중하는 브랜드가 돈을 벌기 위해서는 대체 어떻게 해야 할까요?

집중하는 브랜드의 가장 큰 적은 새로운 재미예요. 재미를 찾는 능력이 뛰어나다는 점이 강력한 힘이자 강력한 적입니다. 브랜드의 형태로 만들어온 지금까지의 재미가 다른 재미로 향하는 순간 매력을 잃을 수 있으므로 늘 주의해야 합니다. 다른 재미를 찾게 되는 상황은 지금의 재미로 돈을 벌지 못한다는 생각이 들 때 주로 찾아와요. 수지 타산을 맞추다 지쳐버리고, 어느덧 새로운 방향으로 마음이 가는 자신을 발견할 수 있어요. 이때 저는 아주 가혹한 질문을 하나 던지고 싶어요. “지금까지 만들어 온 브랜드, 진심으로 만족하나요?”

집중하는 브랜드에 사람들이 관심을 가지고 비용을 지불하는 근본에는 ‘오리지널리티 Originality’라는 요소가 있습니다. 그리고 집중하는 브랜드에게는 오리지널리티를 끝장나게 추구해야 한다는 주문을 하고 싶습니다. 본인이 좋아서 혼자 생각하고 행동하던 것을 사람들과 나누려고 브랜드가 된 이상 지금까지보다 수십 배, 수백 배로 재미에 집중하고 좌우 전후를 더 파헤쳐야 한다고요. 브랜드를 통해 이 관심사를 성공시키려면, 사람들도 그것을 브랜드만큼 좋아하게 만들어야 하기 때문이에요. 그 어떤 곳에도 없는 이 브랜드만의 무언가를 좋아하게 만드는 거예요. 남들이 좋아하는 것에 초점을 맞추는 것이 아니라 브랜드가 좋아하는 것에 더 강렬하게 초점을 맞추는 것입니다.

물론 브랜드가 집중력을 높이는 방법에도 요령이 필요합니다. 내가 하고 싶은 말만 발신하다가는 소통이 되지 않는다는 피드백을 받을 수도 있어요. 남들이 좋아하는 것에 맞추는 것도 독이 되지만 그렇다고 남들이 싫어하는 것을 할 필요는 없으니까요. 내가 좋아하는 것들과 세상의 접점을 발견한다는 건 사실 굉장히 노련한 브랜드가 해내는 일이죠. 집중할 줄 아는 브랜드들은 그 노련함을 찾아낼 가능성이 높아요.

### 최대한 까탈스러워지세요

좋은 게 좋은 거라는 마음만으로는 집중하는 브랜드로 성장할 수 없어요. 좋아하는 것은 사실 취미로 가지고 있을 때 가장 여유롭다는 것만 생각해도 쉽게 이해가 되죠. 하지만 어떻게든 이 좋아하는 마음을 일로 만들어 키우고 싶다면,

이제부터는 매우 섬세하고 아주 까다로운 감각을 더해야 해요. 다행인 것은 이 까탈스러움을 지탱하는 디테일이라는 것이 진심으로 좋아하지 않으면 구현하기 힘든 도전이라는 점이에요. 그리고 이 디테일은 카피하기 힘든 브랜드를 만드는 데에도 큰 도움이 되죠.

까탈스러운 디테일이 빛을 발하는 집중하는 브랜드는 술을 만들어 파는 브랜드에 많이 포진되어 있어요. 양조장마다 자신만의 레시피를 개발해 독특한 미감을 발굴하는 것을 목표로 하고 있죠.

고려시대 왕실의 명주인 '아황주'는 고문헌 속에서나 만나 볼 수 있던 술이에요. 농촌진흥청에서 진행한 '우리술 복원 프로젝트'로 아황주 제조법을 살려냈고, 최행숙 전통주가에서 기술을 이전받아 생산하고 있어요. 역사 속의 술을 살려 자신만의 브랜드로 만든 거죠.

우리술 복원 프로젝트로 제조법을 살린 ‘아황주’

로컬 브랜드가 되고 있는 지역 전통주
(왼쪽부터 ‘버드나무 브루어리’, ‘화수 브루어리’, ‘우렁이쌀 청주’)

강릉에는 '버드나무 브루어리'가 있고, 울산에는 '화수 브루어리'가 있어요. 양촌의 '우렁이쌀 청주'를 만드는 양촌양조도 유명해요. 지역의 재료, 지역의 미감을 살려 대표 로컬 브랜드가 되었죠. '사업을 한다면 당연히 서울이지.'라는 생각을 하지 않는 브랜드들이에요. 자신이 원하는 일을 하기에 가장 적합한 지역에서 자신만의 시장을 만들어가는 것이죠. 자신의 주제에 가장 까탈스러워질 수 있는 최적의 사업 장소를 찾는 것도 집중하는 브랜드의 성장 조건입니다.

전통주 로컬 브랜드들의 인기가 많아지면서 신세계 백화점에서는 '우리술방' 편집 코너를 신설했고, SSG에 '신세계 우리술' 코너를 신설했어요. 현대 백화점의 지역 먹거리 브랜드 '명인명촌'에서도 직접 전통주를 리브랜딩해서 판매하고 있죠. 집중하는 브랜드가 모이고 쌓여 자본력을 가진 플랫폼의 집중을 받게 된 사례라고 볼 수 있어요.

신세계 우리술(출처: ssg.com)

명인명촌 (출처: mimc.kr)

외국에서 시작된 술을 한국의 재료와 접목해서 만든 술도 많아지고 있어요. '김창수 위스키'와 '쓰리소사이어티 증류소'의 라인업은 매니아들 사이에서 이미 줄 서서 마시는 술이 되었죠. 시간과 에너지를 들여 누구도 쉽게 따라할 수 없는 일을 해내고 있는 집중하는 브랜드와 그들에게 박수를 보내는 고객 간의 관계는 그 어떤 브랜드들보다 굳건하다고 해도 과언이 아니에요.

맛이라는 주관적인 세계관을 브랜드로 만들어 타인과 연결되는 접점을 끊임없이 찾기 위해 노력하는 과정에서 수많은 디테일과 노하우가 탄생합니다. 내가 원하는 지점에 다다르기까지 최대한 까탈스럽게 굴어야만 가능한 일이에요. 까탈스럽게 탄생해서 자신의 개성을 극대화한 제품들은 숨어있는 팬들을 일으켜 세운답니다.

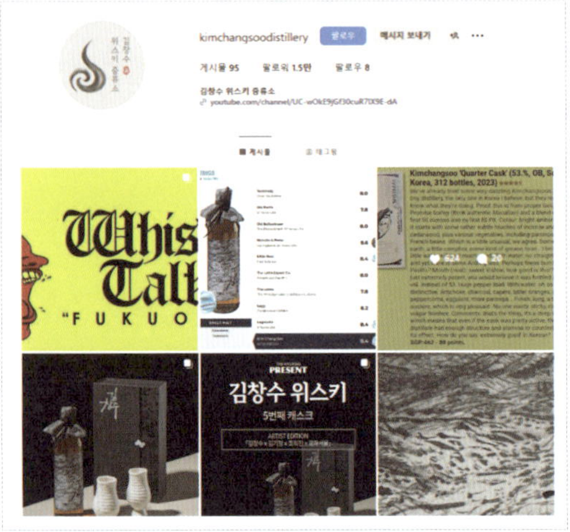


김창수 위스키(출처: 인스타그램_ kimchangsoodistillery)

쓰리소사이어티 증류소(출처: threesocieties.co.kr)

### 규칙적으로 전달하세요

집중하는 브랜드에게 일정한 양을 채우는 목표를 세우는 것은 다른 어떤 브랜드보다 훨씬 더 많은 일을 하도록 만듭니다. 집중하는 브랜드가 '성공'이라는 단어를 걸치기 위해서는 시간이 좀 필요하기 때문이죠. 그렇다고 연구실에 틀어박혀 제품 개발만 하고 있을 수는 없으니 제품을 연구하는 과정, 실패하는 과정, 협력하는 과정까지 구구절절 공유해 보면 어떨까요? 이 모든 이야기가 브랜드가 되는 시간에 포함되니까요.

서울 서촌에 있는 카페 '큔'은 "제철과 발효가 있는 공간"이라고 스스로를 소개해요. 계절마다 나는 식재료의 발효를 중심으로 하는 공간이죠. 때문에 카페라는 형식을 가지고 있지만, 본질적으로 식재료와 발효 요리법을 연구하는 브랜드라고 할 수 있어요. 연구소처럼 에너지를 투자해 무언가를 창조하는 과정을 반복하죠. 큔은 이 모든 과정을 SNS에 성실하게 기록하고 있어요. 새로운 메뉴, 새로운 식재료를 꾸준히 사람들에게 설명해 주고 있죠. 스스로를 전문가로 만들

자료들을 이렇게 하나씩 차근차근 쌓는 거죠. 집중하는 브랜드에게 실행하는 규칙적인 커뮤니케이션은 브랜드의 아카이브가 되어 줘요. 이 아카이브는 브랜드의 뿌리가 되고 영향력을 넓혀 주겠죠. 고객과의 상호작용은 덤으로 얻는 좋은 효과가 될 테고요. 집중하는 브랜드의 브랜딩은 어쩌면 자신의 즐거움을 조금씩 사람들에게 보여 주고 나누는 것에서 시작하는 걸지도 몰라요.

집중하는 브랜드에게 규칙적인 커뮤니케이션은 브랜드의 아카이브가 되어 줘요. 이 아카이브는 브랜드의 뿌리가 되고 영향력을 넓혀 주겠죠.

카페 큔 (출처: 인스타그램_grocery_cafe_qyun)

:: 집중하는 브랜드의 빅퀘스천 ::

## 무엇을 번영시킬 것인가

좋아하는 일을 브랜드로 만들어서 세상에 내보낸다는 것은 꽤나 많은 고민을 하게 해요. 좋아하는 일을 한다는 것이 말 그 자체로는 너무나도 당연해 보이지만, 좋아하는 마음을 잃지 않으면서 일을 키워가기 위해서는 엄청난 노력이 필요하니까요. 단순히 재미만 느끼는 주제를 가지고는 자신의 생계를 책임지는 일로, 사람들과 함께하는 브랜드로 성장하기 힘들어요.

집중하는 브랜드는 자신이 좇는 재미 안에 무언가를 품고 있습니다. 재미를 느끼며 지내던 중 자신이 지향해야 할 더 큰 가치를 발견해내요. 자신이 즐기는 재미를 단순한 자극으로만 인식했다면, 굳이 큰 리스크를 짊어져야 하는 사업을 벌였을 리가 없거든요. 재미있는 경험을 통해 전하고 싶은 말이 분명히 있어요. 좀 더 거시적이고 장기적인 미래의 어떤 한 부분과 연결되는 접점이, 집중하는 브랜드의 힘 안에 존재해요.

그 접점에 서서 브랜드를 다시 바라볼게요. 브랜드가 하는 일, 만나는 사람들, 해내는 역할, 마주하는 과제와 거리를 두고 살펴보는 거예요. 이 브랜드의 주제가 더이상 취미가 아니라 사업이 된 그때 초심도 떠올려 봐요. 그리고 그때 마음속에 그렸던 이상적인 꿈의 그림도 되새겨 봅니다.

이 브랜드가 연결된 미래는 어떤 모습인가요? 나는 이 브랜드와 함께 어떤 일을 하고 있나요? 이 브랜드의 성장으로 인해 어떤 가치가 번영하고 있나요?

### 브랜드 골든 서클이 확장되는 '브랜드 매니페스토'

집중하는 브랜드는 자신의 주제에 대한 경험과 통찰을 나누는 자리라면 그 어떤 때보다도 열정적이에요. 그렇기 때문에 오히려 신규 고객이 접근하기에 허들이 생길 수 있죠. 이 브랜드가 하는 일이 궁금하기는 하지만 잘 모르는 분야라 망설이게 될 수 있어요. '마니아들이 즐기는 브랜드'라는 인상이 있어서 그냥 지나쳐버릴 수 있죠. 하지만 이들도 모두 초보 시절이 있는 걸요. 초보로 시작해서 지금까지 차곡차곡

쌓아온 소중한 경험과 지혜를 더 많은 사람과 나누기 위해 브랜드의 형태로 세상에 내보내게 된 거예요. 무언가를 같이 좋아하고 함께 파고들기 위해 브랜드를 만들었으니 성숙한 브랜드라면 기꺼이 새로운 사람들을 포용할 준비가 되어 있어요.

호기심을 보이며 다가오는 사람들에게 열린 브랜드의 입구에는 다양한 이야기가 쓰여져 있습니다. 이 브랜드를 어떻게 사용하면 좋은지 설명하는 안내서가 붙어 있을 수도 있고, 이곳엔 어떤 사람들이 활동하고 있는지 알려 주는 인터뷰가 있을 수도 있어요. 그런데 이곳이 집중하는 브랜드의 공간이라면 가장 먼저 눈에 띄는 이야기는 무엇일까요? 저는 그게 바로 브랜드 매니페스토Brand Manifesto이기를 바라요.

매니페스토란 선언문이라는 뜻을 가지고 있어요. 위키피디아에서는 "개인이나 단체가 대중에 대하여 확고한 정치적 의도와 견해를 밝히는 것으로 연설이나 문서의 형태"라고 그 뜻을 전하고 있죠. 즉, 무언가를 지지하거나 반대하거나 혹은 결심이나 약속을 담은 글과 말을 뜻해요. 주로 정치나 예술 분야에 사용하던 이 매니페스토가 브랜딩의 세계에 도달한다면 어떤 모습일까요?

가장 유명한 브랜드 메니페스토를 꼽으라면 단연 애플이 떠오릅니다. 애플은 2013년 WWDC에서 공개한 <Designed by Apple in California> 광고에 이 문구를 담아 내보냈죠. 이 매니페스토는 "미친 사람들"이라는 단어로 시작해요. 곧 이어 "남들과 잘 어울리지 못하는 사람, 반항하는 사람, 문제를 일으키는 사람들"을 애플과 일치시키며 이야기를 이끌어 가죠.

> Here's to the crazy ones. The misfits. The rebels. The troublemakers. The round pegs in the square holes. The ones who see things differently. They're not fond of rules, and they have no respect for the status quo.
>
> You can quote them, disagree with them, glorify or vilify them. About the only thing you can't do is ignore them. Because they change things. They push the human race forward.

And while some see them as the crazy ones, we see genius. Because the people who are crazy enough to think they can change the world, are the ones who do.

미친 사람들에게 경의를. 부적응자들. 반항아들. 말썽꾼들. 네모난 구멍에 들어가려는 둥근 못들. 세상을 다르게 보는 사람들. 그들은 규칙을 좋아하지 않으며, 현 상태를 존중하지도 않습니다.
그들을 인용할 수도, 반대할 수도, 찬양하거나 비난할 수도 있습니다. 하지만 그들을 무시할 수는 없습니다. 왜냐하면 그들은 변화를 일으키기 때문입니다. 그들은 인류를 앞으로 나아가게 합니다.
그리고 어떤 사람들은 그들을 미쳤다고 생각할지 모르지만, 우리는 천재라고 봅니다. 세상을 바꿀 수 있다고 생각할 만큼 미친 사람들만이 실제로 세상을 바꿉니다.

애플이 존재하는 궁극적인 이유와 그들이 가고자하는 방향에 대해 적은 글이에요. 이 매니페스토를 접하고 나면 지금의 애플 제품·서비스가 나오기까지 그들이 해온 수많은 결정들과 늘 공개 석상에서 화제를 모았던 전 애플 CEO, 스티브 잡스가 해온 발언들을 한순간에 이해하게 됩니다.

브랜드 매니페스토는 사실상 브랜드의 골든 서클 확장 버전이라고 할 수 있어요. 자신이 왜 이 일을 하고 어떻게, 무엇을 통해 실현하고자 하는지를 명확하게 하면서 동료들의 약속을 이끌어내고 중요한 결정을 해야 할 때 선택의 기준이 골든 서클이라면, 이 일이 브랜드 당사자의 차원을 넘어 어떤 가치와 연결되어 있는지를 알리는 것이 브랜드 매니페스토예요. 브랜드가 지향하는 가치와 연결되어 있는 더 많은 불특정 다수의 사람들에게 보내는 초대장이기도 하죠.

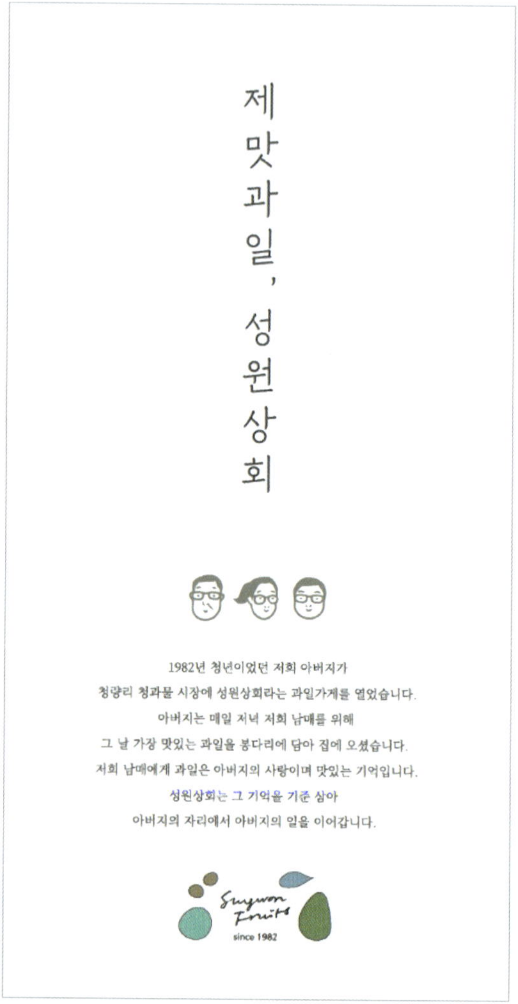
제맛과일, 성원상회

1982년 청년이었던 저희 아버지가
청량리 청과물 시장에 성원상회라는 과일가게를 열었습니다.
아버지는 매일 저녁 저희 남매를 위해
그 날 가장 맛있는 과일을 봉다리에 담아 집에 오셨습니다.
저희 남매에게 과일은 아버지의 사랑이며 맛있는 기억입니다.
성원상회는 그 기억을 기준 삼아
아버지의 자리에서 아버지의 일을 이어갑니다.

Sungwon Fruits
since 1982

제맛과일 성원상회 리플렛 표지에 담긴 브랜드 메니페스토

'제맛과일 성원상회'는 청계천 도매 시장에서 수십 년간 과일 도매업을 해오신 아버지의 일을 이어받아 런칭한 소매 브랜드예요.

이 브랜드와 작업을 함께하면서 애초에 왜 이 브랜드를 시작하려고 했는지 그 만든 이유를 곰곰이 생각해 보지 않을 수 없었죠. 대를 이어오고 있는 도매업으로도 여전히 매출이 괜찮고, 단골 손님에게도 꽤 든든하게 인정받고 있었으니까요. 이들이 무엇을 바라보고 있는지, 어떤 마음으로 이 브랜드를 만들고 싶은지 꼼꼼히 찾아보지 않을 수가 없었어요. 그걸 찾지 못하면 자칫 지난 세월 아버지가 이끌어 오신 도매업의 근간을 싹 없애고 완전히 다른 모습으로 메이크오버될 수가 있으니까요. 그리고 결국 찾아낸 이 브랜드의 지향점은 '아버지의 사랑'이었죠.

제맛과일 성원상회는 자신의 추억이 담긴 역사를 계속 간직하고자 하는 마음 그 자체를 스토리텔링해 브랜드 매니페스토로 만들었어요. 간략한 몇 문장이지만, 충분히 이 브랜드가 존재하는 이유와 앞으로의 방향성을 느낄 수 있어요.

브랜드 매니페스토를 어떻게 쓰기 시작하냐고요? 이건 저만의 노하우인데요, 여러분에게 나눠드릴게요. 저는 "무엇을 번영시킬 것인가?"라는 질문을 해요. 애플은 '혁신'을 번영시키고, 제맛과일 성원상회는 '아버지의 사랑'을 번영시킵니다. '번영'이라는 단어에는 마음이 벅차오르는 고양감이 깃들어 있어요. 발전이나 성장이라는 단어에는 미처 충분히 담지 못한 세상과 연결되는 아름다움을 느낄 수 있죠. 그리고 이 느낌은 '세상에 대한 믿음'에 기반해요. 무언가를 좋아하고 열심히 하는 마음에는 분명 그 무언가에 대한 믿음이 자리할 수밖에 없잖아요. 그렇기 때문에 이 일이, 이 브랜드가, 궁극적으로 꾸준히 나아가는 길 위에는 한 걸음 한 걸음 이 가치를 번영시키고자 하는 믿음이 깔려 있을 거예요.

집중하는 브랜드는 '의견이 있는' 브랜드예요. 그것이 너무 큰 이야기를 하든 혹은 너무 작은 이야기를 하든 모두 믿음에서 시작된 이유이고, 바람이고, 행동이고, 의견이죠. 자신의 의견을 세상에 드러내는 용기가 있고 사람들의 의견을 모을 수 있는 힘을 가지고 있어요. 집중하는 브랜드들이 더 다양한 이야기를 촉발하고 그 가치를 섬세하고 까탈스럽게 번영시키기를 늘 응원합니다.

인터뷰

# 집중하는 브랜드, **위어도우**

weirdough

**박정원** 대표

**'위어도우'**는 비건 피자집이에요. 박정원 대표가 2023년 연희동에 가게를 열었어요. 요리를 공부하고, 식당에서 일을 하고, 비건이 되고, 비건 요리 유튜버가 되고, 비건 요리 강의도 했어요. 위어도우는 박정원 대표가 좋아하는 피자를 맛있게 먹을 수 있는 곳인 동시에 좋아하는 세계관에서 만난 사람들과 즐겁게 지내는 공간이죠.

위어도우는 사업이면서 삶이고, 브랜드면서 정체성이에요.

가게의 모든 것이 박정원 대표와 연결되지 않은 것이 없어요.

'집중하는 브랜드' 그 자체죠. 그래서 어떤 브랜드보다도 고민의 깊이가 깊고 어렵기도 해요. 하지만 그만큼 고민을 해결하는 희열도 있죠.

**▬ 음식을 만드는 사람이라는 정체성을 만들고 그 다음 비건이라는 정체성이 더해지면서 차근차근 자신만의 세계관을 만드셨어요. 왜 음식을 만드는 사람이 되고 싶었고, 왜 비건이 되기로 결심했는지 알려 주세요.**

정말 좋아하면 왜 좋아하는지 이유를 찾는 것이 의미 없게 느껴질 때가 있잖아요. 연인 사이에서도 "왜 나를 좋아해?"라고 물으면 이유를 대는 것이 오히려 이상한 것처럼요. 음식은 저에게 오래 전부터 그런 존재였어요. 처음엔 먹는 것을 너무 좋아했고 새로운 음식을 찾아다니고 경험하는 것에서 큰 기쁨을 느꼈어요. 전혀 다른 전공으로 직장 생활을 하던 중 일이 힘들어지자 자연스레 음식을 만드는 일로 스트레스를 풀게 되었어요. 늦은 퇴근 후 집에 돌아와서 새벽 늦게까지 빵을 굽고 뭔가를 만드는 제 모습을 보고 저희 부모님은 '쟤가 어지간히 힘든가 보다' 생각하셨대요. 그런 시간을 보내고 나서 진지하게 음식을 만드는 일을 배우게 되었어요. 사표를 내고, 요리 공부를 시작했어요. 사람들은 모두 용감하다고 말하던데, 저에겐 스스로 좋아하는 것이 무엇인지 확실했던 적이 인생 통틀어 별로 없었기 때문에 그런 느낌이 올 때 무모해지는 경향이 있어요. 그렇지만 그로부터 몇 년 뒤 요리를 실무로 경험하면서 어느 순간 체력적으로나 정신적으로 많이 지치게 되었어요. 이곳 저곳 몸이 쑤시고, 휴일 내내 누워 있는 고된 일상이 반복되니 요리에 대한 애정이 사라진 것 같았죠. 세상에 이렇게 멋진 요리와 요리사가 많고 좋은 음식점이 차고 넘치는데 내가 그 속에서 어떤 의미를 찾아야 하는지 길을 잃기도 했어요. 요리를 그저 돈을 벌기 위한 일로 생각하며 지내는 시간이었죠.
그러다 비건이 되기로 결심하게 되는 사건이 찾아왔죠. 저는 제가 육식을 포기할 수 있을 거라고 믿지 않았으니까요. 그런데 우연히 친구들과 함께 보게 된 비거니즘 다큐멘터리가 제 마음을 무척이나 불편하게 만들었어요. 그동안 애써 외면해오던 모든 공장식 축산업에 대한 진실을 마주하고 나니 지금까지 즐겨왔던 육식이 더이상 즐겁게 느껴지지 않았어요. 제가 음식을 즐기는 행위를 위해 누군가가 짧은 평생을 고통 속에서만 살다가 고통스럽게 간다는 사실을 견딜 수 없어 비건이 되겠다고 결심을 했습니다.

사실 비건이 된 후 제가 살아가는 세계, 먹을 수 있는 음식의 세계가 좁아질 것이라고 생각했죠. 하지만 오히려 더 넓은 세계를 만나게 되었어요. 비건이 되기로 결심한 것은 제 인생을 가장 크게 바꾼 결정이라고 생각해요. 비건이 되고 난 후 그동안 관심이 적었던 채소들, 제철에 자연이 내어 주는 음식들에 관심을 가지게 되었고, 다양한 발효 음식들, 감칠맛을 낼 수 있는 채식 레시피도 알게 되었죠. 아직도 제가 배우고 알아 가야 할 것이 무척 많다는 점에서 그리고 제 편견을 깼다는 점에서, 비건 요리사로 살아가는 것이 행복해요. 음식을 만드는 사람이자 비건이라는 정체성이 저 자신, 제 직업과 동일하다는 점에서 인생이 어느 때보다 명료해진 느낌이에요.

**▬ 하고 싶은 일을 직업으로 갖는 것은 행운이면서 동시에 무척 고민이 되는 일이기도 하잖아요. 돈, 고객과의 연계성, 규칙적으로 무언가를 전해야 한다는 점 같은 것들이 하고 싶은 일을 지치는 일로 만들기도 하죠. 이러한 부분을 어떻게 조율하는지 궁금해요.**

요리를 시작할 때 사람들은 취미로만 하고 직업으로는 하지 말라고 만류했어요. 근데 제 성격이 그렇지가 않아요. 나중에 후회하더라도 제대로 해보고 후회하자는 주의로 살고 있거든요. 그렇기 때문에 하고 싶은 일은 저에겐 직업이 되어야만 했어요. 물론 지치지 않는 것은 아니에요. 요리라는 일은 육체적으로 상당히 지치는 일이니까요.
게다가 제 가게를 직접 운영하면서 생각해야 할 것들도 많아져서 머리가 터질 것 같은 때도 있어요. 하지만 어차피 일을 하면서 살아간다면 저는 하고 싶은 일을 하면서 힘든 것을 선택하겠어요. 힘들어도 좋아하는 일이고 의미를 두는 일이니 계속 할 수 있으니까요. 물론 번아웃을 겪고 싶지는 않아서 휴식에 상당히 우선순위를 두는 편이기도 하고요. 가게 휴무일수를 잘 조율하면서 오랫동안 일할 수 있는 노동 환경을 만들어 보고 있어요. 스스로를 갉아먹지 않을 정도로, 금방 회복 가능한 정도까지만 최선을 다해 일하는 것이 제가 하고 싶은 일을 직업으로 삼는 방법이에요. 이 부분을 놓치지 않으려는 노력을 늘 하면서요.

**위어도우가 반드시 끝까지 지속시키고 싶은 상품·서비스는 무엇인가요? 또는 아직 탄생하지 않았지만, 언젠가 꼭 만들고 싶은 상품·서비스가 있나요?**

끝까지 지속시키고 싶은 상품은 당연히 비건 화덕 피자와 제철 채소들을 이용한 요리입니다. '비건', '화덕', '제철 채소' 이 3가지가 위어도우의 정체성을 이루는 키워드고 그 부분을 충실히 지켜가고 싶어요.
아직 탄생하지 않았고 실현 가능할지 미지수인 상품은 직접 발효한 비건 치즈 제품입니다. 현재도 비건 치즈를 만들어서 사용하고 있지만 시간을 들여 곰팡이균을 키워 발효시키는 치즈류는 현실적 요건상 하지 못하고 있어요. 너무 큰 노력이 드는 일이라 아마 앞으로도 오랫동안 힘들 거라 생각하고요. 하지만 제가 처음에 비건 피자를 생각한 것도 사실 발효와 비건 치즈에 대한 지대한 관심과 애정에서 시작된 것이라서 언젠가 위어도우가 잘 자리잡고 저에게 조금 더 많은 시간과 에너지가 허락된다면 비건 치즈를 발효하는 제조업을 시작해 보고 싶어요. 그리고 그 치즈를 위어도우의 재료로 사용하고 제품으로 판매도 하는 거죠! 상상만으로 기분이 좋네요. 후후 정말 꿈같은 이야기입니다.

**▬ 위어도우가 '비건'이라는 세계관에서 어떤 역할을 하기를 바라나요? 그리고 그건 언제쯤이 되면 좋겠다고 목표하고 있나요?**

일단 위어도우는 비건이라는 세계관에만 국한되어 있지 않기를 바랍니다. 넓은 음식과 미식의 세계에서 위어도우 자체로 존재하고 싶어요. 지금도 위어도우에는 비건이 아닌 손님이 절반 이상 방문하시거든요. 비건이든 아니든 맛있게 먹고 즐길 수 있는 공간이라면 좋겠어요. 당연히 비건이 편안하게 모든 음식을 맛볼 수 있는 공간이길 바라는 마음으로 이곳을 만들었지만 사실 비건 음식이 비건만을 위한 게 아니라 모두가 먹을 수 있는 음식이듯이 위어도우도 모두를 위한 음식점으로 자리매김하고 싶습니다.
육식은 채식주의자가 먹지 못하는 음식이라는 면에서 모두를 위한 음식은 아니니까요.
사실 밀가루로 음식을 만들고 있고 견과류로 비건 치즈를 만들다보니 '모두'를 위한다기엔 글루텐프리나 넛프리 음식은 부족한 상황입니다. 시간을 두고 이 부분도 점차 해결해 더 많은 사람이 즐길 수 있는 음식을 만드는 공간이 되었으면 좋겠어요. 그리고 시기는 정하지 않으려 하고요. 지금까지 위어도우가 성장해왔듯이 앞으로도 계속 성장하다보면 '모두'의 정의가 더 넓어지는 때가 올 거라고 생각합니다.

위어도우라는 이름에서도 느껴지듯 비건이라는 세계관에서 재미있는 역할을 하고 싶네요. 비건, 비거니즘은 '한정된 것', '좁아지는 것', '재미없는 것', '고리타분한 것'으로 비춰지는 경우가 많다면 그런 편견을 깨는 역할, 비건 음식이 좀 더 편하고 재밌고 즐거운 것이라는 경험을 제공하는 역할이고 싶습니다.

나가면서

# 욕망을 원천으로 세상과 연결되는 용기

브랜딩을 할 때 먼저 확인하는 것은 브랜드에 묻어 있는 욕망입니다. 그리고 가장 중요하게 관찰하는 것은 이 말을 하는 사람이 자신의 욕망에 대해 가지고 있는 태도입니다.

브랜딩과 욕망의 관계에 대해 진지하게 고민하게 된 것은 수많은 브랜딩 사례의 결과가 너무나도 천차만별임을 살피고 나서부터입니다. 똑같은 에너지를 들여 작업을 했는데, 누군가는 환호를 지르며 신나게 승승장구하고 누군가는 흔적도 없이 사라집니다. 아무 변화 없이 원래 모습 그대로 이어지는 경우도 많습니다. 대체 이 차이는 어디에서 생겨나는 걸까요?

오랫동안 이어졌던 이 질문에 대한 대답을 국혜조 소장(한국소매틱연구소 소장, 한국SE협회장)과 소매틱스Somatics라는 분야에 대해 이야기를 수차례 나누면서 찾아낼 수 있었습니다. '우리가 스스로를 어떻게 느끼고 인식하는지'가 이후의 삶에 크나큰 영향을 준다는 사실이 바로 그 대답이었죠.

사람들은 의외로 자신의 욕망을 인식하고 그대로 받아들이는 것을 피합니다. 무서워합니다. 그래서 욕망을 확인하는 과정이 어렵습니다. 이것이 브랜드와 관련된 일이라면 브랜딩이 더 어려워집니다. 내 안의 욕망을 드러내고 그것을 성실하게 채우기 위해 일을 한다는 것은 너무나 당연한 일입니다. 하지만 정해진 프레임과 정해진 욕망을 강요하는 사회에서 살아온 경험이 이토록 당연한 일을 어렵게 만들고 심지어 무서워지게 만들기도 합니다.

그렇기 때문에 이토록 당연한 자신만의 욕망을 꺼내서 먼지를 털어 보면 좋겠습니다. 브랜딩은 이 과정에서 용기를 한 스푼 더 얹기 위해 노력합니다. 살펴보면 좋을 다양한 자극을 전하고, 꼭 필요한 응원을 하고, 날카로운 질문을 합니다. 나만의 욕망을 자연스럽게 녹여낸 아름다운 브랜드를 꾸려가는 대표님들의 만족스러운 표정을 기필코 목격하고 싶은 것이 저의 욕망입니다. 함께 열심히 찾아낸 브랜드의 보물들이 주인의 손 안에서 점점 그 빛을 더해가는 것을 바라보는 것은 짜릿함 그 자체입니다.

자신의 욕망을 마주하고 나면 시간의 흐름이 바뀝니다. 순식간에 모든 것이 엄청나게 신나는 시간으로 전환됩니다. 욕망을 원동력으로 삼아 제대로 출발한 브랜드가 겪어가는 짙은 시간이기도 합니다. 브랜딩은 브랜드가 자신의 욕망에 제대로 집중할 수 있도록 도와주고 필요 없는 잡음을 청소해 줘야만 합니다. 브랜드 자신의 욕망이 아닌 것을 잘 찾아내 흘려 보내는 허탈함 조차도 결국은 더 큰 확신으로 돌려받게 해주는 일도 합니다. 아주 깔끔하고 멋지게, 모든 것이 제자리를 찾게 해주는 것이 진짜 브랜딩의 일입니다. 욕망에 솔직해진 브랜드는 브랜딩을 통해 다양한 가능성과 연결됩니다. 저는 브랜드의 중개인이 되어 가장 강력한 매칭을 하기 위해 모든 아이디어를 동원합니다. 목표가 확실해진 브랜드는 이제 거침없이 행동하며 가장 맛있는 경험을 해가는 겁니다.

브랜드가 성장해나가면 심지어 브랜드의 욕망조차도 성장합니다. 계속해서 더 근본적인 욕망을 향해 성숙해집니다. 브랜드가 끈질기게 성취해낸 하나의 이야기가 정갈하게 문을 닫고, 새로운 방향을 향해 떠나는 순간이 올 수도 있습니다. 그리고 이 순간을 목격하는 것은 브랜딩을 하는 사람로서 마주할 수 있는 최고의 경치였습니다.

욕망을 정면으로 마주하는 능력을 우리는 이미 충분히 가지고 있습니다. 이것은 인간으로서 혹은 숨을 쉬는 생명체로서 누구나 선천적으로 타고나는 힘이니까요. 다만 살아오면서 잠깐 잊어버릴 수는 있습니다. 다른 누군가의 욕망을 따라해보다가 깜박 내 욕망을 지나쳐버렸을 수도 있습니다. 하지만 언제든지 다시 꺼낼 수 있게 늘 마음 속에 자리하고 있을테니 걱정하지 마세요. 필요할 때 편안하게 꺼내 쓰기만 하면 됩니다.

나의 욕망은 나만이 가지고 있는 소중한 힘입니다. 소중한 것을 소중하게 대하기 시작하는 순간부터 브랜드와 나 자신의 가능성은 그 어떤 때보다 넓어지고 깊어지고 자유로워집니다. 아름다워집니다. 알면 알수록 더 좋아지고 사랑하게 되는 것은, 나 자신에 대한 이야기입니다. 내가 만들고 싶은 일의 이야기이고, 그 일이 만들어갈 세계에 대한 이야기입니다. 브랜딩은 그런 일을 해야 합니다.

# 작은 브랜드가 살아가는 법

**4가지 유형으로 발견하는 브랜딩 안내서**

**초판 1쇄 발행** 2024년 10월 10일

**지은이** 한지인

**펴낸이** 이가희

**책임편집** 엘리스

**디자인** 박세진

**자문** 국혜조 (한국소매틱연구소 소장, 한국SE협회장)

**펴낸곳** 찌판사

**출판등록** 2022년 1월 10일 제 2022-000010호

**E-mail** publish@newdhot.com



**ISBN** 979-11-986942-4-9(03320)